O NOVO MANIFESTO CAPITALISTA

Actual Editora
Conjuntura Actual Editora, S.A.
Rua Luciano Cordeiro, n.º 123 - 1.º Esq.
1069-157 Lisboa
Portugal

Tel.: (+351) 21 3190243
Fax: (+351) 21 3190249

www.actualeditora.com

A member of BPR
www.businesspublishersroundtable.com

Copyright: © 2011 Umair Haque
Published by arrangement with Harvard University Review Press.

Edição: Actual Editora – Novembro 2011
Todos os direitos para a publicação desta obra em Portugal reservados por Conjuntura Actual Editora, S.A.

Design da capa: FBA
Paginação: MJA
Gráfica: Pentaedro, Lda.

Depósito legal: 336202/11

HAQUE, Umair

O novo manifesto capitalista : reinventar a maneira de fazer negócio

ISBN: 978-989-694-012-6

CDU 30

Nenhuma parte deste livro pode ser utilizada ou reproduzida, no todo ou em parte, por qualquer processo mecânico, fotográfico, electrónico ou de gravação, ou qualquer outra forma copiada, para uso público ou privado (além do uso legal como breve citação em artigos e críticas) sem autorização prévia, por escrito, da Actual Editora.

Vendas especiais:
Os livros da Actual Editora estão disponíveis com desconto para compras de maior volume por parte de empresas, associações, universidades e outras entidades interessadas. Edições especiais, incluindo capa personalizada, podem ser-nos encomendadas. Para mais informações, entre em contacto connosco.

UMAIR HAQUE

O NOVO MANIFESTO CAPITALISTA

REINVENTAR A MANEIRA DE FAZER NEGÓCIO

PREFÁCIO DE **GARY HAMEL**

*Este livro é dedicado com gratidão ao Dr. Nadeem ul Haque,
a Farida Haque e a Ikram ul Haque por terem tido
a coragem de embarcar numa viagem improvável,
a convicção de criar o futuro e a sabedoria
para me ensinar porquê.*

Nota Prévia

O capitalismo morreu. Viva o capitalismo!
Sou capitalista por convicção e profissão. Acredito que o melhor sistema económico é aquele que recompensa o empreendedorismo e o risco, que maximiza a escolha do cliente, que utiliza o mercado para distribuição de recursos e que minimiza o peso da regulação nos negócios. Se existe uma receita melhor para gerar prosperidade, não a conheço, e o leitor também não.

Então, porque é que o capitalismo tem um problema grave de imagem? Porque é que a maioria dos consumidores do mundo desenvolvido duvida de que as grandes empresas sejam benéficas para a sociedade? Porque é que os executivos são considerados eticamente inferiores aos jornalistas e até aos advogados? Porque é que é mais provável encontrar na imprensa directores executivos retratados como vilões do que como heróis? Porque é que as pessoas parecem estar à espera de que as grandes empresas se portem mal, destruam o meio ambiente, explorem os empregados e enganem os clientes?

Há quem culpe Wall Street por esta situação. Em Março de 2009, o *Financial Times* afirmou que «a crise do crédito tinha destruído a confiança na ideologia do mercado livre, que dominou o pensamento ocidental durante uma década». ([1]) Enquanto os banqueiros lutavam para conter o contágio do crédito de alto risco, houve quem se perguntasse se o capitalismo sobreviveria à crise. No mínimo, defendia um coro de jornalistas amargos e de políticos influentes, era necessária uma nova forma de capitalismo – uma em que os executivos se curvassem perante o Estado e os responsáveis pelas políticas ministeriais refreassem os excessos do mercado.

Embora não devamos subestimar a capacidade dos financiadores desnorteados pelo risco de causarem o caos, a verdadeira ameaça ao capitalismo não é a astúcia financeira sem restrições. É, antes, a incapacidade (ou relutância) por parte dos executivos de confrontarem as expectativas dos accionistas quanto ao papel dos negócios na sociedade. Nos últimos anos, os consumidores e os cidadãos têm vindo a sentir-se cada vez mais exasperados com o contrato implícito que regula os direitos e as obrigações dos agentes económicos mais poderosos: as grandes empresas industriais. Para muitos, este contrato parece unilateral – tem funcionado bem para os directores executivos e para os accionistas, mas não tão bem para as restantes pessoas.

Não é preciso ler a revista *Adbusters* nem pertencer à Greenpeace para questionar que interesses estão realmente a ser servidos pelas grandes empresas. No que diz respeito aos «mercados livres», há muito de que duvidar: o longo e duvidoso caso amoroso da indústria alimentar com as gorduras trans, a dissimulação da Merck acerca dos riscos do Vioxx, a aparente atitude arbitrária do Facebook em relação à privacidade do utilizador, o chocante desrespeito da BP pelo meio ambiente e a realidade quotidiana das reivindicações extremamente exageradas sobre produtos e a desresponsabilização dos agentes de «apoio» ao cliente.

Se indivíduos do mundo inteiro perderam a confiança nos negócios foi porque essa confiança foi traída de muitas formas. Nesse sentido, a ameaça ao capitalismo (e aos capitalistas) é ao mesmo tempo mais prosaica e profunda do que os banqueiros sobrealavancados admitem. Mais prosaica, pois os perigos não provêm de esquemas loucos de quem acredita em bichos-de-sete-cabeças, mas de frustrações e ansiedades de pessoas normais que, lentamente, se vão acumulando; e mais profunda no sentido em que o problema é, na verdade, existencial, pois reflecte uma divergência fundamental de mundivisões e, portanto, não pode ser resolvida nem contrariada por grupos políticos ou publicidade positiva.

Porém, não se engane: o capitalismo não tem rivais. Tal como a democracia, é o pior tipo de sistema, tirando todos os outros – e é exactamente por isso que todos temos a responsabilidade de torná-lo melhor. Caso contrário, o crescente descontentamento em relação às visões míopes que as empresas têm das suas responsabilidades irá encorajar quem acredita que os directores executivos deviam responder perante aqueles que estão desejosos de substituir a mão invisível do mercado pela mão de ferro do Estado.

Penso que não seria um desfecho que a maioria recebesse de braços abertos. Apertar ainda mais o colete-de-forças das regulamentações pode proteger-nos dos piores excessos do capitalismo, mas também nos priva dos seus prémios. Portanto, temos de esperar que os executivos encarem o facto de que está em curso uma revolução irreversível.

Acredito que milhões de consumidores e de cidadãos estão absolutamente convencidos de uma realidade que muitos executivos ainda têm relutância em reconhecer: o modelo de produção económica herdado, que desenvolveu a economia «moderna» ao longo dos últimos cem anos, está por um fio. Como uma peça gasta, está presa por arames e fita, é tremendamente ineficaz e expele nuvens de fumo tóxico.

Embora estejamos agradecidos por alguém ter inventado há mais de um século esta máquina barulhenta e selvagem, ficaremos felizes quando esta for finalmente levada para o ferro-velho e substituída por algo um pouco menos ameaçador.

Sabemos que o futuro não pode ser uma extrapolação do passado. Na qualidade de bisnetos da Revolução Industrial, finalmente aprendemos que a busca displicente por mais é insustentável e, em última análise, não nos preenche. O nosso planeta, a nossa segurança, a nossa sensação de tranquilidade e o nosso ser merecem algo melhor, algo diferente.

Portanto, desejamos um tipo de capitalismo mais simpático, mais suave, um sistema que nos encare como algo mais do que simples «consumidores», que entenda a diferença entre maximizar o consumo e maximizar a qualidade de vida, que não sacrifique o futuro em nome do presente, que considere o nosso planeta um local sagrado e que diminua e não explore as desigualdades existentes no mundo.

O que nos impede, então, de criar uma espécie de capitalismo consciente, responsável e sustentável, um sistema que seja verdadeiramente exequível a longo prazo?

Acredito que é a matriz de crenças profundamente enraizadas acerca do verdadeiro *propósito* dos negócios, acerca de quem eles servem e da forma como se gera valor. Muitas destas crenças estão quase instituídas – pelo menos, entre aqueles que frequentaram cursos de gestão ou passaram algumas décadas numa das mil empresas globais do *ranking*. Contudo, chegámos a um momento na história da gestão em que até os dogmas fundamentais têm de ser reexaminados. Estas são algumas das crenças que urge rebater:

- O principal objectivo de uma empresa é fazer dinheiro (em vez de melhorar o bem-estar das pessoas de forma económica e eficaz).

- Os líderes empresariais podem ser considerados responsáveis apenas pelos efeitos imediatos das suas acções (e não pelas consequências em segundo ou terceiro plano da sua busca obstinada de crescimento e de lucro).

- Os executivos deviam ser avaliados e remunerados com base nos resultados a curto prazo (e não pela criação de valor a longo prazo).

- Uma «marca» é algo criado com o dinheiro do *marketing* (e não uma construção social feita por todos os constituintes da empresa).

- Os «clientes» da empresa são aqueles que compram os seus produtos (em vez de todos aqueles que são influenciados pelas suas acções).

- É legítimo que uma empresa lucre através da exploração da ignorância ou da limitação da escolha do cliente.

- Os clientes só se interessam pelo funcionamento do produto e só querem saber quanto custa (e não pelos valores que foram respeitados ou manchados no fabrico e na venda desse produto).

- Os clientes são utilizadores finais (e não parceiros na criação e partilha de valor).

- Os clientes que foram ignorados, manipulados, bloqueados, ludibriados ou enganados vão alimentar a sua raiva em privado (e não vão unir esforços com outros lesados para envergonharem publicamente quem os prejudicou).

- Uma empresa pode usar o seu poder de mercado e a sua influência política para obstruir uma tecnologia que cause impacto ou impedir que surja um concorrente novo e não convencional.

- Os empregados são recursos humanos, em primeiro lugar, e seres humanos, em segundo lugar.

- Os negócios resumem-se a vantagem, enfoque, diferenciação, superioridade e excelência (e não têm nada a ver com amor, alegria, honra, beleza e justiça).

Estas crenças são a *verdadeira* ameaça ao capitalismo. São narcisistas, comodistas e tornaram-se ainda menos atractivas e defensáveis desde que, há cinquenta e sete anos, o então presidente da

General Motors, Charles Wilson, proclamou que «o que era bom para a GM era bom para a América».

Posso ser um acérrimo defensor do capitalismo, porém, entendo também que as pessoas têm direitos inalienáveis concedidos por Deus, mas as empresas não. A sociedade pode exigir o que quiser das empresas. Evidentemente, na qualidade de consumidores e cidadãos, temos de ser suficientemente inteligentes para perceber que as empresas não podem remediar todos os males da sociedade, nem fornecer todos os benefícios sociais, e também temos de reconhecer o facto de que um regime regulador que nos isole de todos os vícios do capitalismo também nos nega as suas virtudes.

Contudo, os executivos têm de perceber que, actualmente, enfrentam as mesmas escolhas difíceis que qualquer adolescente: conduzir com responsabilidade ou ficar sem carta de condução.

É este o ponto de partida do livro que tem nas mãos. Mas Umair Haque vai mais longe n'*O Novo Manifesto Capitalista*. Muito mais longe. O autor destaca as novas crenças que têm de substituir as premissas de curto alcance e autolimitadoras da Era Industrial e propõe uma lista de lições inestimáveis, colhidas da experiência de empresas que já adoptaram o desafio de reinventar o capitalismo. Com fervor e engenho, constrói um argumento irrepreensível: é possível uma empresa ser bem-sucedida social e financeiramente na nova era da responsabilização. Este livro é mais do que um manifesto, é um plano para construir o modelo de empresa do século XXI, amada pelos seus clientes, invejada pelos seus pares e admirada por todos aqueles que se preocupam com o futuro do nosso planeta.

GARY HAMEL

Prefácio

Em 1776, um homem deparou-se no centro de uma tempestade. Furacões de mudança assolavam o globo: mercados em desenvolvimento, comércio internacional em expansão, uma classe média em ascensão, tecnologias com mais impacto, novas entidades comerciais. Porém, onde os seus contemporâneos viram o caos, Adam Smith viu possibilidades inimagináveis até então.

Em *A Riqueza das Nações*, Smith previu de forma assombrosa um cenário de prosperidade muito diferente, no qual os *capitalistas*, e não os mercantilistas, aristocratas e agrários que os tinham antecedido, eram dominantes. Proponho que faça uma pausa para perceber a perspicácia dessa visão. Em 1776, eram os cavalos que forneciam energia às carruagens e carroças. As locomotivas a vapor só chegariam no século seguinte. O eixo centralizador da economia não era sequer as empresas médias, mas as famílias. A posse de terra, de fábricas, de equipamentos e de direitos estava claramente concentrada nas mãos da nobreza e era transmitida através das gerações. «Empresas de capital aberto», novas formas de organização, exigiam uma permissão governamental ou um decreto real para se formarem e, até meados de 1850, a sua responsabilização era suficientemente ilimitada para levar um accionista infeliz à prisão. Grande parte do equilíbrio organizacional estava nas mãos de sociedades dispersas e famosas, como a City of London's Worshipful Company of Ironmongers (ou carpinteiros, cozinheiros ou merceeiros, para nomear algumas). O dogma proteccionista dominante considerava alarmante e perigosamente vanguardista o pensamento do *laissez-faire.*

Em suma, *não* era um mundo em que a iniciativa capitalista, tal como hoje a conhecemos, se imaginasse vir a florescer. Apesar disso, vendo para além da tempestade, Smith sintetizou ao pormenor e com uma lógica impiedosa a sua nova visão de prosperidade. Embora muitos tomos semelhantes se tenham seguido, a obra-prima de Smith continua a ser o manifesto capitalista original, o documento fundador da era da prosperidade industrial.

Gostaria de fazer uma pergunta: e se o futuro do capitalismo for tão *diferente* do presente como a visão de Adam Smith foi do *seu* presente? E se a prosperidade do século XXI for diferente da prosperidade da era industrial da mesma forma radical como esta o foi do seu precursor aparentemente pré-histórico? Considere, por momentos, as semelhanças impressionantes entre a tempestade de Smith e a que vivemos actualmente. A nível global, a Internet gerou hiperligações. As nações antes conhecidas como terceiro mundo tornaram-se um intermédio crescente de prosperidade. Novas tecnologias, como as tecnologias limpas e a nanotecnologia, trouxeram possibilidades inimagináveis. A «empresa» está a entrar num processo de divisão em vários tipos de entidades comerciais, quer sejam empresas sociais, *hedge funds* ou empresas sem fins lucrativos. Hoje, tal como ontem, o mundo está em renovação.

Não sou Adam Smith, mas gostava de convidar o leitor a fazer uma viagem na minha companhia. Será uma viagem imaginária na qual vamos encarar a produção, o consumo e o intercâmbio a partir de uma nova perspectiva. Será uma expedição em que iremos explorar os ventos que estão a dar novas formas à rentabilidade, ao desempenho e à vantagem. Será uma busca para perceber como o comércio, as finanças e os negócios poderão, talvez, ser transformados e, sobretudo, como poderão tornar-se *transformativos*. Vamos dar passos arrojados, como fez Adam Smith, ultrapassar os horizontes do comércio, das finanças e dos negócios que conhecemos, aventurar-nos para além do mapa do capitalismo da era industrial – e explorar a *terra nova* e desconhecida da prosperidade vindoura.

Por que razão deve juntar-se a mim? Atente na seguinte história. Em 1494, um monge franciscano publicou um êxito improvável. Apesar do título estranho e pomposo, *Tudo sobre Aritmética, Geometria e Proporção*, a obra rapidamente desapareceu das prensas de Gutenberg. Ao descrever a forma como os mercadores venezianos mantinham as suas contas em ordem, Luca Pacioli formalizou o que hoje conhecemos como método das partidas dobradas – segundo o qual todas as transacções são registadas simultaneamente em duas colunas diferentes para possibilitar a equiparação entre débitos e créditos. Avançando no tempo, em 1994, o pioneiro da sustentabilidade John Elkington cunhou o termo *triple bottom line* (resultados tripartidos) para designar um sistema de contabilidade que registava transacções em termos financeiros, assim como em termos sociais e ambientais. Passou meio milénio, quinhentos longos anos, entre o nascimento da contabilidade e o vislumbre do seu renascimento.

Considere os avanços constantes que se verificam em todas as esferas da vida: a vacina contra a poliomielite inventada por Jonas Salk, a Revolução Verde dos anos 60, o transístor e, claro, a Internet, só para dar alguns exemplos. Mas a maior parte dos marcos do capitalismo mudaram a passo de caracol, se é que mudaram. Na verdade, são anteriores a Adam Smith, cujo génio não foi *inventá-los* mas, pela primeira vez, unir as linhas que constituíam a teoria geral. A cadeia de produção – hoje chamada cadeia de valor – foi introduzida pelos primeiros industriais do século XVIII. O valor do accionista, santificado nos anos 80 pelos estudiosos, é uma redefinição inteligente das empresas de sociedades por acções emergentes do século XVIII. As empresas propriamente ditas nasceram durante a grande época de exploração do século XVII. Como a lacuna de

500 anos entre o método das partidas dobradas e o conceito de «resultados tripartidos» comprova, é muito raro instituírem-se novos marcos. Será então de pasmar que tantas empresas (e economias) estejam a ter dificuldade em acompanhar os desafios do século XXI?

Assim como as pirâmides de Gizé se degradaram ao longo dos séculos, os fundamentos também não são eternos e ilimitados. Não é muito difícil perceber, por exemplo, porque é que uma fórmula inventada no século XV para organizar a contabilidade de um pequeno grupo de mercadores de seda e de especiarias pode não ser a mais adequada para a contabilidade na economia global no século XXI. Uma volatilidade viciosa, uma escassez mais profunda, accionistas participativos, o poder que passa para aqueles que antes eram conhecidos somente por *consumidores* são apenas alguns dos novos desafios que põem à prova os titãs de outrora, quer sejam empresas, países ou pessoas. Estes novos desafios revelam as desvantagens dos fundamentos criados em e para outras eras. Hoje, as placas tectónicas movimentam-se e os pilares desgastados começam a quebrar-se.

O leitor, certamente, não geriria os seus negócios em terminais de 1980, não pediria à sua frota de distribuição que usasse motores de 1950 e provavelmente não usaria pombos-correios para transmitir informação vital à sua sede. Então, porque estão as empresas, os países e a economia global ainda ancorados a princípios bolorentos e titubeantes? Porque criar *novos princípios* é uma arte que está ainda nos seus primórdios. Este livro não é apenas a crónica de uma nova colheita de construtores do mundo. É mais aprofundado; é um *guia* para esculpir os novos fundamentos que estes construtores estão a aprender a esboçar.

O meu objectivo é ajudá-lo a tornar-se um guia do capitalismo do século XXI, um mestre artífice de novas estruturas que, se inculcadas no solo económico actual, criarão fundações sólidas, fortes e duradouras. Defendo que a *inovação institucional*, a arte de criar estes fundamentos, é a chave para construir um nível mais elevado de vantagens. Vou elaborar um plano a que pode recorrer para criar – e, depois, se quiser, para construir – estruturas alicerçadas em novos pilares, que podem gerar não apenas mais, mas um valor mais poderoso.

Este livro é isso mesmo – e eis o que este livro *não é*. Quando perguntaram a Miguel Ângelo qual era o seu segredo, ele respondeu: «Todos os blocos de pedra têm uma estátua dentro deles e a tarefa do escultor é descobri-la.» Posso ser um guia, um mentor, um conselheiro, mas não posso descobrir o que está dentro da *sua* pedra. Embora as páginas que se seguem estejam repletas de exemplos, não pretendo com isso que os imite. Não quero que siga um exemplo, mas que *seja* o exemplo. A minha ambição é que perceba *porque* é que os inovadores estão a esculpir novas pedras, *o que* ganham com isso, *como* cada uma funciona e depois que descubra a estátua dentro da *sua* pedra. Os meus contributos importam menos do que a sua visão, a sua ambição e a sua paixão. Portanto, não pense neste livro como uma lista de roupa para levar à lavandaria, mas como uma caixa de ferramentas. Posso dar-lhe o cinzel, o martelo, a escora e o pincel, mas só *o leitor* pode ser o escultor.

Aqui está então a perspectiva através da qual lhe vou pedir que descubra a estátua dentro da *sua* pedra. Um capitalismo em que as empresas, os países e as economias atinjam as maiores vantagens, em que propósitos mais elevados despertem o potencial humano inexplorado de cada funcionário, de cada cliente e futuro cliente, em vez de o desgastarem; em que a paixão mais destemida seja tão natural como respirar, que acenda de forma espontânea a chama da criatividade, em vez de a diminuir aos mais baixos denominadores comuns; em que um significado mais profundo substitua a maçada enfadonha da repetição por trabalho desafiador e interessante que eleva a alma; em que flua um poder mais autêntico vindo dos princípios partilhados, em vez de (bocejo) cenouras mais saborosas e punições mais pesadas; em que mais acesso aos recursos não signifique ser o esperado conquistador do mundo, mas um vencedor; em que valor de maior qualidade seja criado, fazendo coisas de maior *valor*; e, finalmente, em que as empresas compitam não apenas para mudar as regras, mas para mudar o mundo. Estes não são, evidentemente, os sonhos idílicos dos sonhadores. São, antes, a força motivadora da prosperidade – as únicas resoluções para os desafios implacáveis e letais que assolam os países, as empresas e as economias. Por essa razão, são os motores da vantagem no século XXI.

Este é, portanto, um manual para idealistas e pragmáticos, para revolucionários e realistas cépticos. Se está satisfeito com o *status quo* e com o estado das coisas e deliciado com os progressos, volte a pôr este livro na prateleira. Se, por outro lado, não estiver satisfeito com o *status quo*, se se questiona sobre os meandros dos negócios, se começou a ver uma lacuna entre aquilo que o capitalismo tem sido e o que *pode e deve ser*, então, este livro é para si, não apenas para ler, mas para usar.

Agradecimentos

O livro que tem nas mãos é, na verdade, o resultado da contribuição de muitas pessoas, às quais estou profundamente agradecido. Estou em dívida para com Gary Hamel, que me ajudou a perceber melhor a ciência da gestão, pelos seus conselhos inestimáveis, pela sua sabedoria insubstituível e por me inspirar a embarcar nesta viagem. Tenho uma grande dívida para com John Hagel III pelos seus conselhos sábios, pelo seu constante encorajamento e por me incitar a ver mais profundamente e a pensar de forma mais abrangente. Foi um privilégio excepcional e uma grande alegria ver este rebento crescer na companhia de carvalhos tão frondosos. Se há alguma minúscula réstia de mérito neste livro, assenta totalmente nos largos ombros destes guias.

Devo também um agradecimento sentido a Hernán Sánchez Neira, director executivo da Havas Media Intelligence, Alfonso Rodés Vilà, director executivo da Havas Media, e a Fernando Rodés Vilà, também ele director executivo da Havas, por me darem o presente mais precioso que um autor pode receber: tempo para investir na escrita. O incansável apoio e entusiasmo que me concederam tornaram este livro possível.

Também me inspirei bastante nas conversas com os falecidos Sumantra Ghoshal e Paul Geroski, com Paddy Barwise, Julian Birkinshaw, Jeff Jarvis, Rishi Shahdadpuri, Chris Anderson e Fred Wilson, assim como nas pesquisas inovadoras e nos contributos de Richard Florida, Bill Easterly, Amartya Sen, Archon Fung, Joseph Stiglitz, Daron Acemoglu, Richard Easterlin, Richard Layard, Clayton Christensen, Michael Porter, Rosabeth Moss Kanter, Tom Peters, Charles Handy e do falecido C. K. Prahalad. Todos foram catalisadores no alargamento das minhas reflexões inconsequentes.

Por fim, agradeço a Adi Ignatius do *Harvard Business Review Group* por me dar, a mim, o mais improvável dos novos autores, a oportunidade e o privilégio de trabalhar com uma equipa de excelência. No que diz respeito à teoria e à prática de negócios, é difícil pensar noutro alinhamento de indivíduos tão empenhados – e especialistas – em fazer avançar o estado da arte. Em particular, estou em dívida para com Eric Hellweg por me dar o espaço necessário para desenvolver os pensamentos aqui sumariados, muitas vezes de forma deselegante, impetuosa e desarrumada no meu blogue *hbr.org*. Por fim, mas igualmente importante, tenho uma grande dívida para com a extraordinária editora Sarah Green, que me acompanhou em todos os passos da viagem e sem cuja energia ilimitada, entusiasmo inabalável, crítica lúcida e sugestões incisivas este livro seria certamente apenas uma vaga sombra daquilo que é. Se este livro tem algum valor, o mérito é destas pessoas. As muitas imperfeições e limitações que decerto apresenta – pelas quais peço, desde já, desculpa – são todas da minha responsabilidade.

Umair Haque
Julho 2010

PRIMEIRO CAPÍTULO

Plano para um Negócio Melhor

O que vê quando pensa no futuro do capitalismo? Quando pensa no que será diferente, em termos de prosperidade, daqui a uma, duas ou três décadas? Que *tipos* de capitais serão novos, heterodoxos, inexplorados e com um valor perturbador? Qual será o estado da arte na definição, medição, avaliação e gestão dos feitos humanos e da riqueza que estes criam? Para superar as concepções de riqueza mais recentes, melhores e mais abrangentes, o que irão os virtuosos do mercado do futuro maximizar e minimizar? Para que resulte, como irão usar, distribuir e renovar o capital de forma diferente? E que mentalidade, *ethos* e personalidade vão distinguir empresas, países e economias de sucesso dos que têm dificuldades?

Para que consiga ver melhor, vou expor alguns factos curiosos que podem impressioná-lo, se olhar com mais atenção para os principais capitalistas da actualidade. Talvez note que as maiores empresas do mundo empenhadas em vender somente produtos que beneficiem o ambiente não se limitam a pedir, mas antes *conferem poder* aos activistas e visionários para se certificarem de que conseguem fazê-lo. Tome como exemplo o fabricante mais conhecido do mundo de equipamento desportivo inovador, que concebe calçado reciclado e que, em vez de o publicitar investindo milhares em publicidade com celebridades, se limita a explicar a quem o compra como tirar melhor partido do produto. Espreite a empresa de comunicação social mais poderosa do mundo e verá que *não* exibe publicidade nos meios de comunicação social mais valiosos do mundo. Verá que uma das empresas de bens de consumo mais históricas do mundo se começou a reinventar: para converter as pessoas antes conhecidas como *consumidores* em *produtores*. E pode observar a manada de gigantes cansados e envergonhados – mesmo estando a manada a ser reduzida sem misericórdia – a *continuar* a fingir que o negócio tem tanto êxito como dantes, embora as margens mínimas se tornem mais reduzidas de ano para ano.

Se observar atentamente e for paciente, talvez não distinga uma revolução madura (ou seja, uma em que a autoridade tenha sido abolida com êxito) – *ainda*. Mas aposto que pelo menos vai reparar em contornos bem evidentes no seu começo – rebelião ou resistência declarada, rebeldia destemida dos pressupostos e doutrinas do antigo dogma. Se examinar com atenção, pode ver o mesmo que eu: os primeiros laivos daquilo que o estudioso Thomas Kuhn chamou *mudança de paradigma* – não um pequeno passo, mas um salto de gigante de um sistema de pensamento para o seu sucessor, que reformula uma arte ou ciência de acordo com perspectivas radicalmente novas.

Hoje, uma nova geração de renegados – empresas aparentemente tão diversas como a Walmart, a Nike, a Google e a Unilever, por exemplo – prospera, não apesar de, mas precisamente *porque* se revolta contra as gastas e nocivas ortodoxias da era industrial do capitalismo. Qual é o segredo? Hesitantes, imperfeitos, muitas vezes desorganizados e nunca com facilidade, estes renegados vão aprendendo a tornar-se capitalistas do século XXI. Talvez possam chamar a este fenómeno iluminismo económico: os actuais inovadores radicais são vanguardistas, viajam para além dos limites do habitual mundo de negócios, entediante e baço, e exploram uma *terra incógnita* rica em possibilidades, onde se vislumbram picos de prosperidade assentes em bases mais fortes e sólidas.

A história que quero partilhar com o leitor não é só sobre empresas. No seu cerne, trata de *fundamentos*: o modo como, na qualidade de âncoras de empresas, de países e de economias, são as bases da plenitude ou da penúria. Tal como o Iluminismo culminou em novos fundamentos de trabalho, de vida e de lazer – como o mercado livre, o pensamento racional e o método científico, para dar apenas alguns exemplos –, também hoje o iluminismo económico está a culminar em novos fundamentos de produção, de consumo e de troca, por exemplo, *ciclos de valor*, *conversações de valor* e *bens melhores*.

Contudo, a história é apenas metade do meu plano. O *objectivo* consiste em guiar o leitor na direcção de um novo plano. No seu âmago, os novos fundamentos são algo que promete revolucionar uma era industrial corroída e enfraquecida: reinventam a rentabilidade, voltam a conceber a criação de valor e renovam os benefícios, ultrapassando o *status quo* vigente há séculos daquilo que *tem* sido, *pode* ser e *deve* ser. Porque detêm a possibilidade de regenerar, reparar e remediar – nunca completamente, por vezes, insuficientemente, mas sempre *como é possível* – as limitações seculares, as deficiências e as falhas do capitalismo, *enquanto* fortalecem o seu poder já formidável para intensificar o ritmo, a magnitude e o potencial de concretização humana. Os seus alicerces são arreigados, consistentes e obstinadamente inabaláveis. Neles assentam as futuras bases da prosperidade.

*

Iluminismo é uma palavra que não deve ser usada de ânimo leve. Seguidamente, vou fundamentar a razão pela qual a escolhi. A simples verdade é que o capitalismo está ultrapassado. É um paradigma envelhecido que atingiu o seu ponto de maturidade. Foi construído numa era industrial, e a ferrugem e os estragos no seu ferro desgastado e as suas juntas danificadas são já visíveis.

Talvez não o saiba, mas examinado atentamente, o crescimento nos países desenvolvidos atingiu um ponto de inflexão, um ponto negativo há décadas, e tem vindo lentamente a abrandar durante a última metade do século. Não se trata de um episódio passageiro, mas de uma mudança duradoura e histórica, mais significativa do que uma crise, uma correcção ou uma queda. Os quadros directivos das empresas estão habituados a responder a ameaças da microeconomia: novos concorrentes, choques na oferta e na procura, mercados mais complexos. Mas a maior ameaça dos dias de hoje é diferente. Paira ameaçadoramente ao nível da macroeconomia: a prosperidade propriamente dita atingiu uma forte diminuição nos seus lucros.

O modelo de crescimento económico da era industrial passada está prestes a desaparecer. Pouco falta para atingirmos o limite em que o crescimento baixa até ao nível de consumo estritamente necessário para manter o nível de vida actual, em vez de o melhorar. Se prestar atenção, verá a faísca que acende o fusível do iluminismo económico: a economia global está a atingir um momento decisivo e definidor. O que trouxe prosperidade no século XX não irá – nem pode – trazer prosperidade no século XXI.

Pode argumentar que o crescimento do PIB não é mais do que um aumento do «produto», mas está a usar um indicador de prosperidade errado. E tem razão. O economista que criou o conceito de PNB (agora substituído pelo PIB), o vencedor do Nobel Simon Kuznets, avisou: «O bem-estar de uma nação não pode... apenas ser inferido de acordo com a medição do seu rendimento nacional.» ([1]) Como irei demonstrar, indicadores mais precisos e significativos de bem-estar – das pessoas, das comunidades e da sociedade – estagnaram, embora o PIB tenha crescido. Por outro lado, talvez pergunte: «Então e os países em vias de desenvolvimento?» Mais uma vez, tem razão. Embora talvez estas nações aspirem ao crescimento da era industrial – apesar de tudo o que agora se sabe acerca das suas limitações –, a máquina tem uma goela faminta e não há petróleo, cereais, crédito, emprego nem necessidades de exportação suficientes no mundo para que todos os países continuem a atingir prosperidade dessa forma. Manter este procedimento irá degenerar rapidamente num inútil jogo de exploração do vizinho do lado, pelo qual o crescimento em alguns países é contrabalançado pela estagnação noutros.

Porém, *mesmo* em termos do seu próprio padrão de avaliação de sucesso erróneo (o crescimento), o capitalismo precisa de um recomeço. Não pretendo com isto desprezar os grandes feitos do capitalismo da era industrial — mas sim louvá-los. A maior central de produção de abundância que o mundo já viu levou a um aumento explosivo de rendimentos e de padrões de vida para grandes fatias da população mundial. Mas isso foi ontem. Hoje, talvez sejam os triunfos do anterior capitalismo que desvendam o seu declínio. Eis o que, prudentemente, sugiro ser o dilema: a prosperidade da era industrial pode avançar apenas de acordo com um conjunto de condições restritas profundamente desligadas da realidade económica dos dias de hoje.

O GRANDE DESEQUILÍBRIO

Eis uma alegoria em pequena escala. Imagine dois mundos: o primeiro é um mundo *imenso* de recursos abundantes e de matérias-primas, um mundo *vazio*, onde a procura não é frequente e é facilmente satisfeita, um mundo estável onde os desastres são pouco frequentes e fracos. O segundo é um mundo *minúsculo*, escasso em matérias-primas, é um mundo sobrelotado, em que a procura está sempre sedenta, e é um mundo *frágil*, onde o contágio por todo o globo se pode disseminar numa questão de minutos, dias ou semanas. Um mundo grande, vazio e estável é como uma reserva natural vasta, plácida e intocada. Mas um mundo minúsculo, sobrelotado e frágil é como uma *arca*. O capitalismo da era industrial foi concebido para um mundo grande, vazio e estável. Mas, no início do século XXI, o mundo assemelha-se mais a uma arca: é minúsculo, frágil e sobrelotado.

O consumo, o empréstimo e a utilização são os motores da prosperidade num mundo grande, vazio e estável, mas são os motores da crise num mundo minúsculo, frágil e sobrelotado. São as três características que definem aquilo a que chamo crescimento «estúpido» da era industrial, do qual as últimas décadas representam o apogeu. Foi uma era de crescimento baseada globalmente em *pobres* que subsidiam os *ricos*, para alimentarem o *excesso de consumo*, através de um leque de bens e serviços cada vez mais efémeros, que dependem de uma *diminuição de retorno económico* abrupta, em que a natureza, as comunidades e a sociedade são marginalizadas. Os maiores credores do mundo desenvolvido não são outros países desenvolvidos, mas países em vias de desenvolvimento, como a China, e nações exportadoras de petróleo como a Nigéria. ([2]) O mundo desenvolvido não investiu dinheiro em inovação e investimento, mas em consumo ávido e passageiro. O resultado? Desequilíbrios macroeconómicos tremendos e insustentáveis.

O crescimento estúpido é insustentável local, global e economicamente. E porque visivelmente não está a conseguir gerar uma prosperidade partilhada, as empresas, os investidores e os empreendedores já não conseguem prosperar se se limitarem a alcançá-lo. Em termos *do que* a prosperidade significa, *quanto* tempo a prosperidade aguenta, *quem* a prosperidade beneficia e *como é* que a prosperidade se verifica, o crescimento estúpido do século XXI chegou ao fim dos seus dias.

Foi o que a economia global descobriu – da forma mais difícil. Uma longa lista de pensadores eminentes referiu-se à crise histórica da primeira década do século XXI como «excelente» por muitos motivos. O especialista em história da economia Niall Ferguson chamou-lhe a «Grande Repressão»; o economista de Harvard Kenneth Rogoff, a «Grande Contracção»; Robert Reich, de Berkeley, «o Grande Crash». ([3]) Quando se reflecte sobre este assunto, não foi apenas a sua magnitude que foi grande, mas o facto de os próprios fundamentos da economia terem sido abalados.

Paul Samuelson, um dos avós da macroeconomia, o primeiro americano a vencer o prémio Nobel da Economia, observou o seguinte: «Hoje, vemos como a noção de Milton Friedman, de que um mercado se podia regular a ele próprio, estava completamente errada.» ([4]) Alan Greenspan, um discípulo de Friedman, admitiu ter ficado «profundamente desiludido», porque «nem fórmulas matemáticas nem a magia da informática» foram suficientes para compensar um fracasso sistémico do «interesse individual esclarecido» e ainda afirmou que «o edifício intelectual» da economia financeira, no seu todo, «entrou em colapso no Verão de [2008]». O principal conselheiro económico de Barack Obama e antigo presidente de Harvard, Larry Summers, disse: «Vastas áreas da economia terão de ser repensadas devido ao que aconteceu.» (5)

Nas Palestras Lionel Robbins de 2009, que decorreram na London School of Economics (LSE), o laureado com o Prémio Nobel Paul Krugman afirmou que a macroeconomia moderna era «espectacularmente inútil, na melhor das hipóteses e, na pior, positivamente ameaçadora». Willem Buiter, o eminente economista da LSE, sugeriu que os últimos 30 anos de estudos sobre a economia foram «uma dispendiosa perda de tempo e de outros recursos», conduzida por «*puzzles* estéticos... e não por um desejo poderoso de perceber o funcionamento da economia». Outro laureado com o Nobel, o reconhecido Joseph Stiglitz, da Columbia University, que previu, em 2006, a crise de 2008, concluiu que «o debate sobre o fundamentalismo de mercado, a noção de que mercados livres, por si só, podem assegurar prosperidade económica e crescimento», tinha chegado ao «fim». E o secretário do Tesouro, Tim Geithner, indicou que «o capitalismo do futuro será diferente». (6)

Porém, há pouco de revolucionário em tudo isto. Seria condescendente presumir que chegámos ao fim do capitalismo e que encontrámos a receita perfeita para a prosperidade eterna e sem limites. Como em qualquer outro sistema construído socialmente, com ligações culturais e gerido por seres humanos, há sempre espaço para aperfeiçoamentos. Sugiro humildemente que essa lição seja o legado da grande crise da primeira década do século XXI.

Então, como *poderíamos* melhorar o capitalismo, se tentássemos fazê-lo? Greenspan, Samuelson, Krugman e Stiglitz referem-se às *instituições* do capitalismo da era industrial. Em tempos consideradas o sustentáculo da prosperidade, acabaram por ser o seu descalabro: foram elas as causadoras do desaire, distribuindo de forma desadequada triliões de riqueza. O vencedor do Nobel Douglass North, que ganhou o prémio pelo seu trabalho sobre instituições, definiu-as como «as restrições estabelecidas pelo homem que definem as interacções». Daron Acemoglu, o famoso economista do MIT, escolheu uma frase ainda mais precisa, afirmando que as instituições, «consequentemente, estruturam incentivos à troca humana, quer seja política, social ou económica». (7) Por outras palavras, as instituições são os *fundamentos* subjacentes a todos os sistemas sociais, políticos ou económicos. As instituições económicas – aquelas sobre as quais nos debruçamos – definem e organizam a produção, o consumo e a Bolsa. O capitalismo da era industrial pode ser considerado apenas um conjunto possível de fundamentos institucionais.

Desde 2005, tenho vindo a discutir a possibilidade de uma grande crise, tendo previsto não somente uma quebra passageira, mas um corte histórico e sinuoso na economia global. Inspirados na grande crise, e por North, Acemoglu e académicos como Oliver E. Williamson e Elinor Ostrom, que em conjunto venceram, em 2009, o prémio Nobel da Economia pelos trabalhos pioneiros no campo da economia institucional, eu e a minha equipa demos início a um programa de pesquisa de dois anos, começando com duas perguntas. *Estariam os renegados, aqueles que não estavam satisfeitos com os fundamentos do capitalismo da era industrial, a revoltar-se contra o sistema? Se assim era, como se insurgiam contra os rivais com mentalidades mais tradicionalistas?*

É evidente que não existe uma definição simples e única de capitalismo. Pelo contrário, há perspectivas diferentes – desde a noção de capitalismo de gestão do grande Alfred Chandler ao conceito de capitalismo financeiro de Hyman Minsky e à ideia de capitalismo empreendedor de Joseph Schumpeter – que salientam várias facetas de uma questão mais abrangente. (8) Então, em primeiro lugar, retrocedemos no tempo, analisando centenas de artigos, ensaios e entradas sobre o capitalismo em inúmeros trabalhos de referência, artigos de jornal e livros, em busca de elegância: o número *mais reduzido* de fundamentos ou instituições-chave que captasse as características essenciais do capitalismo. Esse conjunto de fundamentos conjuga basicamente a nossa definição de capitalismo da era industrial.

Os cinco fundamentos a que chegámos são tão familiares quer para directores executivos quer para funcionários que se tornam acessórios invisíveis da vida económica do dia-a-dia: *cadeias de valor* como meios de produção, *proposições de valor* como meio de posicionamento, *estratégia* como meio de competição, *protecção de mercados* como meio de vantagem e *bens* estáveis como meios de consumo. É a nossa definição institucional do capitalismo do século XX: cinco pilares que ordenam, organizam e gerem a produção e o consumo. Contudo, estes não são os únicos nem constituem uma lista exaustiva; são, pelo contrário, aqueles que pensámos que resumiam melhor as numerosas e frequentemente contraditórias definições de capitalismo.

Eis o erro fatal. Os fundamentos do capitalismo do século XX *deslocaram os custos* e *pediram emprestados* os benefícios às pessoas, às comunidades, à sociedade, ao mundo natural ou às gerações futuras. Tanto a deslocação de custos como o empréstimo de benefícios são formas de prejuízo económico injustas, nada consensuais e muitas vezes irreversíveis. Merecem o nome de grande desequilíbrio: não são um *evento* transitório como a «Grande [insira sinónimo ameaçador aqui]», mas uma relação em curso, uma lacuna gigantesca nas vastas escalas da economia global. Pode pensar no enorme desequilíbrio da seguinte forma: os fundamentos do capitalismo da era industrial calculam os custos por baixo (ignorando muitas *nuances* de prejuízos e danos) e contam os benefícios por cima (exagerando a forma como produtos e serviços deixam as pessoas felizes por mais tempo, de forma mais concreta e significativa).

Para ilustrar este aspecto, considere duas indústrias situadas em dois pólos opostos da cidade: a banca e a produção de hambúrgueres. Durante a grande bolha imobiliária da primeira década do século XXI, os bancos de investimentos, os *hedge funds* e os cobradores de hipotecas procuraram emprestar benefícios entre si escondendo bens, fazendo o que o professor da Universidade de Nova

Iorque, Nouriel Roubini, apelidou de «um sistema bancário-sombra», obtendo maior alavancagem, escondendo bens de quem se seguisse. (⁹) E, claro, tentavam imputar os custos uns aos outros. Yves Smith, autor de *ECONned* e do blogue *Naked Capitalism*, documentou como os empréstimos nocivos, adequadamente apelidados de NINJA («Nenhum vencimento, nenhum emprego, nenhum bem»), se tornaram negócios normais na indústria financeira e foram transmitidos, como uma batata quente, entre entidades. O resultado? Quando o jogo terminou, uma catastrófica quebra de confiança entre os parceiros paralisou quem concedia empréstimos e quem recorria a eles, e quase causou o colapso das finanças globais. Por fim, os custos passaram para as pessoas, a comunidade, a sociedade e as gerações futuras, num resgate histórico e sem precedentes. Em 2010, revertendo décadas de aliança com o dogma do *laissez-faire*, o Fundo Monetário Internacional propôs uma taxa bancária internacional, equivalente ao valor calculado dos custos escondidos e dos benefícios concedidos aos resgates *futuros*.

Obrigações com garantia real são o equivalente financeiro dos hambúrgueres de *fast-food*: ambos são uma mistura de misteriosa carne nociva. Quanto custa *realmente* um hambúrguer? Talvez pague três dólares, mas, de acordo com a minha análise rápida, o custo económico verdadeiro deve aproximar-se mais dos 30 dólares. Os custos ambientais e de cuidados de saúde, nem que sejam de 10 dólares, são imputados à sociedade e às gerações futuras. E os benefícios são retirados às pessoas, às comunidades e à sociedade: a carne de vaca, a água, a terra e até os empregos necessários para o fabrico dos hambúrgueres chegam a ser subsidiados em 20 dólares. Se, por exemplo, a água não fosse subsidiada nos Estados das Grandes Planícies, meio quilo de carne de vaca custaria 35 dólares, calcula James E. McWilliams, professor de Estudos Agrários na Universidade de Yale. (¹⁰) Não pretendo negar que um hambúrguer fresco e suculento é uma tentação de fazer crescer água na boca. Em vez disso, a ideia que pretendo tornar clara é a da realidade teimosa de criação de valor: a lacuna de 27 dólares entre os três dólares ou menos que os americanos pagam, em média, e os 30 dólares necessários para produzir um hambúrguer é um malefício económico que está a ser causado às pessoas, às comunidades, à sociedade, ao mundo natural e às gerações futuras, pelos produtores alimentares da era industrial. Através dos fundamentos do capitalismo da era industrial, os custos podem ser deslocados e os benefícios podem ser pedidos emprestados não apenas por uns cêntimos, mas por dez vezes mais – malefícios de uma ordem de magnitude inaudita.

Ora, não considero que estes valores sejam exactos ao cêntimo. O que pretendo que considere e analise comigo é o princípio. É possível fazer cálculos semelhantes para o petróleo, por exemplo: o Centro International para Avaliação de Tecnologia calculou que lucrar com os custos escondidos acrescentaria quatro dólares por galão ao preço. ([11]) Este desequilíbrio, presente em todas as indústrias do planeta, representa o novo cálculo económico com o qual as empresas e os países têm de competir e que devem dominar.

Aquilo a que chamo *dívida profunda* é o mal institucionalizado pelos fundamentos do capitalismo da era industrial. Pode ser descrito como dívida para com as pessoas, as comunidades, a sociedade, o mundo natural ou as gerações futuras. A dívida é simplesmente uma transferência dos custos e um empréstimo de benefícios, do ponto de vista económico. Se prejudiquei alguém a nível económico, porque lhe pedi emprestado um benefício de 10 dólares – ou porque lhe imputei um custo de 10 dólares –, estou em dívida para com essa pessoa. Contudo, a dívida do capitalismo da era industrial é muitas vezes invisível e incontável, tem de ser estabelecida e consertada, para que a prosperidade se expanda. Se não retribuir os 10 dólares, não se obtém qualquer prosperidade; movimentámos simplesmente a nota de 10 dólares de um lado para o outro da mesa. Se aumentarmos a escala e acelerarmos o processo, temos o precário castelo de cartas que representa a economia global moderna.

É por isso que, embora o capitalismo seja uma fonte inquestionável de prosperidade, o capitalismo da era industrial está *também* indissociavelmente ligado à crise: é a regra, não a excepção. Tal como explica Michael Bordo, presidente do Center for Monetary and Financial History da Universidade Rutgers, a macroeconomia actual «parece muito mais propensa a crises». ([12]) No início do século XX, a probabilidade de uma crise financeira era de 5 por cento, e no início do século XXI, esta era de mais do dobro, tendo atingido os 13 por cento. De acordo com a Lehman Brothers, o século XVIII viveu onze crises; o século XIX assistiu a dezoito e o século XX, trinta e três. Ironia das ironias, o século XXI começou com uma crise explosiva, que derrubou a própria Lehman. A movimentação dos custos e os benefícios dos empréstimos estão a tornar-se cada vez mais um frenético de jogo de cadeiras económico – porém, quando a música pára, há uma conta para pagar. Os fundamentos do capitalismo da era industrial institucionalizam os malefícios económicos, cuja dívida crescente alimenta uma crise recorrente e acelerada.

Pense nisto como a crise por *detrás* das muitas crises dos dias de hoje. Pense se a crise em questão é financeira, como a do início do século XXI; ambiental, como o derrame de petróleo do *Deepwater Horizon*; ou simplesmente pessoal, como a epidemia da obesidade – todas as crises se baseiam *em primeiro lugar* no grande desequilíbrio que subvaloriza os custos e sobrevaloriza os benefícios. O afamado pensador do MIT, Peter Senge, co-autor do livro inovador *The Necessary Revolution*, explica a situação da seguinte forma: «Cada vez mais pessoas começam a aperceber-se de que as crescentes crises de sustentabilidade estão interligadas – sintoma de que o sistema global em maior escala está desequilibrado.» ([13])

O grande desequilíbrio não é simplesmente uma crise passageira de dívida financeira, mas uma crise mais prolongada, lenta e abrangente de uma verdadeira dívida económica: uma dívida profunda. A verdadeira crise de dívida não consiste no que a América deve à China ou no que a Europa deve à Alemanha. É o prejuízo profundo e crescente da dívida por pagar que as empresas, como de costume, devem às pessoas, às comunidades, à sociedade, ao mundo natural e às gerações futuras, quer se definam em derrames de petróleo, em colapsos da banca ou emissões de carbono. Actualmente, os países, as empresas e as pessoas têm dificuldade em pagar a dívida profunda contraída, devido ao mal feito no passado. O resultado é a diminuição lenta e constante da prosperidade.

Eis uma forma ligeiramente mais técnica de reflectir sobre a questão. O capitalismo funda-se na equação da destruição criativa. Os fundamentos do capitalismo, tal como o conhecemos, subestimam sistemática e cronicamente os custos da destruição e sobrevalorizam os benefícios da criação. Subestimar a destruição e sobrestimar a criação levou a uma sobredestruição e a uma subcriação. Quando os custos da destruição são subvalorizados – por exemplo, através das medidas de risco e dos modelos seguidos pelos bancos –, o resultado consiste num *excesso de oferta* de «malefícios»: produtos destrutivos, como empréstimos nocivos. Por outro lado, quando os benefícios da criação são sobrevalorizados – como aconteceu com os padrões da indústria alimentar, por meio de «intensificadores de sabor» e «textura de degustação», que marginalizaram o valor nutricional autêntico –, o resultado é uma *suboferta* de «bens»: de produtos que resultam em benefícios autênticos, como alimentos saudáveis. No grande desequilíbrio, os fundamentos do capitalismo da era industrial institucionalizam aquilo a que os economistas chamam externalidades negativas – ou impactos negativos excluídos dos preços de mercado – tornando-as sistemáticas. Por outro lado, retiram importância ou limitam as incidências positivas – os benefícios que não são incluídos nos preços de mercado. As suas instituições *produzem demasiada destruição económica para uma criação insuficiente*. Nisto consiste o grande desequilíbrio.

Estudiosos de renome como Danny Quah, Mary Kaldor e David Held, co-directores do centro de pesquisa Global Governance da LSE, defenderam no *Global Policy Journal* que as instituições do século XXI «têm de investir directamente na provisão de bens públicos globais e na mitigação de malefícios públicos globais». [14] Jeffrey Sachs, o economista da Universidade de Columbia, defende que as instituições da próxima geração exigirão «não apenas cooperação que mantenha os malefícios públicos globais à margem (até que atinjam proporções críticas), mas uma cooperação centrada na criação de benefícios públicos globais». [15] O enorme desequilíbrio global – uma sobreprodução de «malefícios» ou excesso de destruição e uma subprodução de «bens» ou subcriação – sugere que a transferência de custos e o empréstimo de benefícios sejam realmente *institucionalizados*, inculcados nos fundamentos do capitalismo da era industrial. A sociedade incorre, assim, numa dívida profunda, decorrente da soma do excesso de destruição e da subcriação. Quando a sua dimensão e profundidade são reveladas, o resultado inevitável é, como Sachs sugere, a crise.

Retomemos por instantes a minha alegoria. A prosperidade numa arca é radicalmente diferente da prosperidade numa reserva de caça. Na metáfora da reserva aplicada ao capitalismo de antigamente, as instituições económicas eram criadas para organizar a caça diária de forma mais eficaz. Escolhiam os caçadores mais rápidos e poderosos para as melhores caçadas, para gerar prosperidade. Mas, se recorrermos às regras da caça para gerir uma arca, o resultado será uma crise cíclica e um provável colapso. Em mundos grandes, vazios e estáveis, os caçadores podem pedir benefícios emprestados, alternar os custos com facilidade e acumular uma dívida profunda. Deite aqui os seus desperdícios fora. É indiferente. Se extinguir esta espécie de peixe, bem, há outra no lago mais próximo. Precisa de dinheiro? Saqueie a tribo do lado. Não negoceia com eles, portanto, não há problema. Mas numa arca minúscula, sobrepovoada e frágil, tudo conta. Não resta ninguém a quem recorrer para pedir benefícios emprestados, nem para quem transferir os custos: os destinos de todos estão irremediavelmente interligados. A prosperidade – ou a sua *nemesis*, a crise – é devida a todos.

Para ter uma noção intuitiva da economia do século XXI, imagine-se ao leme de uma arca como a que descrevi. É o capitão, e a bordo tem todos os recursos, não só os valiosos, mas também os «*in*valiosos». Quer sejam pessoas, árvores, animais, ideias, confiança, criatividade ou a própria administração, tem de salvaguardar todos contra os perigos, a escassez e a exaustão. Por outro lado, todos os recursos que decide utilizar têm de resultar em benefícios mais tangíveis, significativos e duradouros, do que apenas num produto efémero para ser sobreconsumido. Numa arca, a prosperidade depende, em primeiro lugar, da minimização dos malefícios económicos, porque todos os custos que movimenta e todos os benefícios que pede emprestados resultam em perdas permanentes e talvez insubstituíveis, com cadeias de consequências imprevisíveis. Se se enganar no equilíbrio entre «bens realmente bons» e «malefícios», o resultado não será a prosperidade, mas uma crise profunda, talvez um eventual colapso.

Eis, portanto, a situação difícil em que a economia actual se encontra. Estamos a usar regras de caça para gerir uma arca, mas essa abordagem para atingir prosperidade já ultrapassou o seu prazo de validade. A verdadeira crise é mais grave do que bancos, bónus ou resgates: o que acontece é que as instituições do século XXI não se adequam às economias do século XXI. São uma fraca combinação para um mundo minúsculo, sobrepovoado e frágil. O mundo mudou radicalmente, mas o capitalismo não.

O DILEMA DOS CAPITALISTAS

Os capita*listas* também não mudaram. Na verdade, a maioria das empresas vêem-se a si próprias como caçadoras («comemos o que caçamos», «o negócio é uma guerra») e não como... Vê? Estamos tão mal preparados para atingir a prosperidade no século XXI, que ainda nem temos um conceito para o papel análogo ao de «gestor da arca». Grande parte ainda está firmemente instalada na era industrial. Somos fiéis à «sustentabilidade»; alguns de nós «concedem poderes» aos seus empregados; outros esforçam-se para ser melhores «cidadãos», mas, para a maioria, os rituais diários do capitalismo mantêm-se inalterados. No fim de contas, o que realmente importa é o lucro, o crescimento e o valor dos accionistas. E é a essa conduta que subjaz o primeiro vislumbre de dilema, digno de uma grande tragédia de Eurípedes: assente num grande desequilíbrio, *mais* de tudo o que foi mencionado anteriormente gera prosperidade cada vez *menos significativa.*

Depois de condensar os cinco fundamentos do capitalismo da era industrial, o segundo passo da nossa pesquisa consistiu em criar um grupo estatístico de mais de duzentas e cinquenta empresas para servirem de amostra. Incluímos uma grande variedade de empresas, com o objectivo de atingirmos uma maior completude: as maiores empresas por capitalização de mercado publicamente cotadas, tanto em mercados desenvolvidos como em vias de desenvolvimento; empresas com uma carteira de capital de risco de topo e de gestão de fundos de capitais; e empresas privadas e públicas dignas de referência que foram repetidamente mencionadas em conversas com directores executivos e analistas. Todas elas foram organizadas em categorias e analisadas de acordo com os seus fundamentos. Em comum, 90 por cento destas empresas possuía um conjunto de fundamentos do passado.

Gostaria de sugerir que os fundamentos da era industrial limitam as empresas a criar um valor «reduzido». Um valor reduzido é o *punho* invisível do grande desequilíbrio, a expressão no mundo real da sobreprodução de malefícios e subprodução de bens. Este conta com três características definidoras e três produtos emblemáticos das décadas passadas – McMansions (*), Hummers e Big Macs são exemplos precisos.

- O valor reduzido é artificial, frequentemente obtido através de actos prejudiciais ou à custa das pessoas, das comunidades e da sociedade. Todos achavam a McMansion o grito de concentração da economia americana dos anos 90. Porém, a McMansion acabou por se revelar um exemplo estrutural de valor artificial. Tornaram-se tão imprestáveis, passados apenas alguns anos, que muitas foram abandonadas e, nalguns casos, demolidas por falta de procura. Em vez de financiarem um sistema de propriedade imobiliária mais abrangente, os empréstimos complexos e mal documentados que os bancos criaram, apresentaram e negociaram, na primeira década do século XXI, geraram lucros à custa de todos os outros: primeiro, à custa de quem pedia emprestado; depois,

---

(*) McMansion é um termo pejorativo que designa uma casa de proporções desmedidas, pretensiosa, de mau gosto e desenquadrada do bairro em que foi construída. (N. da T.)

dos clientes, como os outros bancos; e, por fim, à custa da sociedade, devido aos resgates monumentais. A maioria das empresas é semelhante aos bancos, mas apenas com contratos menores. Em vez de criarem valor económico verdadeiro, estão simplesmente a transferi-lo de uma parte para outra. Uns ganham, outros perdem.

- O valor reduzido é *insustentável*, e muitas vezes é «criado» hoje simplesmente à custa dos benefícios perdidos de amanhã. Qual será exactamente o motivo que deixa as pessoas loucas pelos Hummers? São profundamente insustentáveis, a quase *todos* os níveis, porque poluem imenso muitos tipos de recursos comuns. Entopem não só a atmosfera, mas também as estradas, os bairros e, porque necessitam de grandes financiamentos, entopem também o mercado financeiro. A maioria das empresas ainda é o equivalente económico dos Hummers: motores gigantes de combustão interna que se limitam a sacrificar o dia de amanhã para desfrutar do presente. Porém, tal como os lucros do Hummer foram insustentáveis – aumentando as margens de lucro da GM durante menos de meia década –, também um valor reduzido deste tipo não é gerado para perdurar.

- O valor reduzido é *insignificante*, porque na maior parte dos casos não melhora a longo prazo e nos aspectos mais importantes o nível de vida das pessoas, das comunidades e da sociedade. Tem algum benefício quando come um Big Mac? Pode ter um sabor fantástico, mas tem um grande impacto negativo na sua saúde, se consumido com regularidade. Quem beneficia se todos comermos Big Macs? Ninguém. Actualmente, uma epidemia de obesidade está a assolar a América e a disseminar-se por todo o mundo desenvolvido. Grande parte das empresas continua a servir o equivalente económico da *fast food*: bens e serviços de impacto negativo que não melhoram a vida das pessoas, das comunidades e da sociedade.

Valor reduzido não é, de todo, nestas três formas cruciais, *valor económico autêntico*. Eis um exemplo hipotético de criação de valor reduzido. Imaginemos que vende a um cliente um *widget* que custa oito dólares por 10 dólares, obtendo um lucro de dois dólares. Quão reduzido é o valor de dois dólares que criou? É contrabalançado pelas perdas de outrem, como as da sociedade e das comunidades? Se essas perdas forem superiores a dois dólares, não conseguiu criar um valor *autêntico*. É um ganho realizado esgotando mais de dois dólares do futuro valor de um conjunto de recursos não renováveis? Se assim é, não conseguiu criar valor *sustentável*. Os clientes apercebem-se realmente do valor que pagaram, em termos de resultados duráveis? O seu cliente valorizou o produto em 10 dólares. Se realizar menos de 10 dólares líquidos em termos de resultados tangíveis e positivos, não conseguiu criar valor *significativo*. Se conseguiu alcançar uma destas três condições, parabéns, não conseguiu criar verdadeiro valor económico. Apenas banal valor reduzido.

O grande desafio dos dias de hoje não é meramente criar valor declarado, valor de negócio ou valor para os accionistas, mas criar valor económico autêntico. Regressemos ao nosso hambúrguer. Um hambúrguer cria cerca de um dólar de lucro e, de acordo com as regras do capitalismo da era industrial, considera-se que foi criado um dólar de valor, no mínimo. Mas o custo total do hambúrguer é talvez mais próximo de 30 dólares, e não de três dólares. O valor de um dólar que foi criado é uma ficção económica: é valor reduzido e falso. O que aconteceu foi que os produtores arcaram com os dois dólares dos custos totais da produção do hambúrguer e ganharam outro dólar de «lucro» artificial. Mas o malefício económico causado às pessoas, à sociedade e às gerações futuras ascende aos 27 dólares. Não foi criado qualquer valor autêntico; o lucro documentou uma ilusão contabilística desequilibrada. Na verdade, para criar um dólar de valor *real*, um hambúrguer teria de render um dólar de lucro, não a partir de um custo base de três dólares, mas de um custo base de 30 dólares. É uma diferença *10 vezes* maior. O desafio do valor reduzido é à escala global, não se calcula apenas em meros pontos percentuais, mas em ordens de grandeza.

Eis outra forma de definir valor reduzido. Pode considerar-se que uma empresa criou valor quando as suas receitas excedem os custos de capital. O valor reduzido é um conjunto de receitas que apenas excede o custo financeiro do capital – as receitas para a dívida e para os detentores de capital. O custo financeiro do capital fica aquém do *custo de capital em toda a medida* a nível económico. O custo de capital em toda a medida excede o custo do capital financeiro porque está patente nos vários tipos de capital usados na produção: capital natural, capital social e capital humano, para dar apenas alguns exemplos. É um factor presente nas receitas dos detentores de capital, na dívida financeira e na dívida profunda.

O custo de capital em toda a medida é um padrão mais elevado. Ainda nenhuma empresa conseguiu dominar a arte de o medir, aplicar e controlar. Mas uma coisa é certa: aplicar o custo de capital em toda a medida iria instantânea e radicalmente desvalorizar os lucros da era industrial de negócios, levando muitos a apresentarem perdas reais. Quão lucrativos seriam os produtores de *fast-food*, se tivessem de arcar com os custos parciais da obesidade, das emissões de carbono e da má nutrição? Isto é valor reduzido: lucro que é de muitas formas uma ficção financeira, porque não consegue exceder um custo de capital mais completo e verdadeiro.

As bolhas e as quedas surgem e desaparecem. Ontem, as *dot-coms*; hoje, os derivativos de hipotecas. Contudo, uma crise económica mais abrangente precede e inclui as bolhas e as quedas passageiras – uma crise de criação de verdadeiro valor económico. Quando o lucro é gerado por actividades que prejudicam as pessoas, as comunidades, as sociedades, o mundo natural e as gerações futuras, o resultado é um valor de fraca qualidade, contrabalançado por uma dívida profunda e escondida. É a armadilha a que a maioria das empresas não consegue escapar.

O grande dilema do capitalismo da era industrial é que, para criar valor, alguns precisam de pedir benefícios emprestados ou de transferir os custos para todos os outros. Essa prosperidade menor é alimentada por crises mais duras, essa criação *menor* exige *mais* destruição. As três são rostos da mesma fera – o paradigma do passado em conflito com o mundo interdependente.

Apanhados pelos cornos, cada vez mais gigantes do passado, dos fabricantes de automóveis de Detroit à Wall Street, da Gap à Sony e à Microsoft, para dar apenas alguns exemplos, estão a escorregar, a tropeçar e a cair. Porquê? O valor reduzido é uma miragem. É algo a que o economista Jack Hirshleifer se referiu certeiramente como «inútil a nível social». ([16]) Em última instância, o fracasso da criação de valor económico real atinge todas as empresas, países e economias. O valor reduzido pode ser defendido, escondido, alimentado à força ou conseguido pela luta. Mas nunca para sempre, e raramente por mais do que uma mão-cheia de anos. Noventa por cento das empresas que apenas conseguem criar valor reduzido não são competitivas de acordo com os parâmetros do século XXI por duas razões.

Em primeiro lugar, os juros subjacentes que têm de ser pagos pelos malefícios da dívida crescem continuamente. Devido a factores como, por exemplo, exigências de grupos de interesse, preços das matérias-primas, preços energéticos, falta de motivação dos funcionários, escrutínio regulador e resistência mais activa da parte das pessoas e das comunidades, os custos estão em contínua intensificação para as empresas da era industrial. No mundo real, para os fabricantes de hambúrgueres, os juros da dívida prejudicial acumulam-se. Então, por todos estes motivos, a produção de hambúrgueres é cada vez menos lucrativa.

Em segundo lugar, a dívida dos malefícios económicos pode ser «cobrada» pelos credores em qualquer altura. Pense neste aspecto nos mesmos moldes que o empresário e matemático Nassim Nicholas Taleb, da Universidade de Nova Iorque, que chamou a este acontecimento «cisne negro»: uma catástrofe inesperada, imprevisível, porém, inevitável. Mais cedo ou mais tarde, os clientes revoltam-se, os reguladores agem, os investidores fogem e, pior ainda, surge um concorrente *capaz* de criar valor de mercado autêntico e de não fazer tanto mal. Se a dívida dos malefícios fosse cobrada aos mercados dos hambúrgueres, se os produtores de hambúrgueres tivessem de suportar o custo total da produção, se, por exemplo, os subsídios fossem retirados e se as emissões de carbono e a comida de plástico fossem taxadas, qual seria o resultado? Cada hambúrguer deixaria de representar um lucro de um dólar e passaria a apresentar um potencial prejuízo de 27 dólares. As empresas que produzem hambúrgueres tornar-se-iam instantaneamente, irrevogavelmente e irreversivelmente não rentáveis, não apenas num ou dois pontos percentuais, mas em centenas de milhar. Seria o colapso imediato.

É esta a escala do desafio, a altura da barreira, a profundidade do dilema que confronta os países, as empresas e os investidores do século XXI. A maior parte não consegue sequer encontrar uma possível resposta. E, da mesma forma que nenhum dos caçadores mais destemidos, nenhuma seta mais afiada e nenhum casaco de camuflagem podem ajudar os habitantes de uma arca a prosperarem, também nenhuma estratégia ortodoxa, nenhuma inovação ou competição – todas assentes em malefícios económicos – podem ajudar as empresas, os países, as economias ou o mundo a reacender a prosperidade no século XXI.

OS FUNDAMENTOS DO CAPITALISMO DO SÉCULO XXI

Poderá a prática do capitalismo, a arte de ser um capitalista, transformar-se de forma tão radical ao longo das próximas décadas, como aconteceu durante a era de Adam Smith? Acredito que esta pode mudar, e acredito ainda mais que todos nós a *vamos* mudar. Pois o grande dilema da era industrial é como o nó górdio, um problema que é simplesmente insolúvel, vergonhosamente recalcitrante, se continuarmos limitados a pensar de acordo com os pressupostos do passado. O nó não pode ser desfeito, apenas *cortado*. Fugir ao dilema do capitalismo *exige* uma alteração de paradigma.

Para retomar a minha alegoria, um capitalismo que se enquadre numa arca tem de ir mais além do que apenas resolver o problema da caça diária. Tem de se equiparar ao solo mais produtivo a nível económico e às árvores, aos animais e às plantas mais ameaçados, ter os melhores agricultores e pastores, para que o que outrora foi escasso possa crescer em abundância. O capitalismo do século XXI tem de organizar a melhor forma de poupar e acumular todas as espécies de fontes produtivas para o futuro. Os seus princípios e mandamentos têm de começar por minimizar os malefícios económicos e culminar na maximização da criação de valor económico autêntico.

Se nos propuséssemos a elaborar as linhas básicas e primitivas de um paradigma económico actualizado, um que tivesse o poder de arrasar a resistência, a prosperidade do passado, um dos aspectos que seriam diferentes, em primeiro lugar e acima de tudo, era a *optimização*. Seguem-se então esboços rudimentares dos dois axiomas fundamentais de um paradigma nesses termos.

O primeiro axioma refere-se à minimização: através do acto da troca, uma *organização não pode*, seja pela acção seja pela inacção, permitir que as pessoas, as comunidades, a sociedade, o mundo natural ou as gerações futuras sofram *malefícios económicos*. Lembre-se de que tanto transferências de custos, como empréstimos de benefícios, são malefícios económicos, que alavancam uma empresa, um país ou uma economia com uma dívida profunda, arriscada, dispendiosa e desgastante.

Por outro lado, o segundo axioma versa a maximização: o desafio fundamental que os países, as empresas e as economias do século XXI enfrentam é o de criar mais valor de melhor *qualidade*, não apenas valor de baixa qualidade em maior *quantidade*. Pense nisso como uma *reconsideração da criação de valor*: não se limitar a criar grandes quantidades de valor reduzido e inconsequente, mas aprender a criar valor de maior *utilidade*.

A grande pergunta que a economia do século XXI faz é: terá o lucro de implicar sempre malefícios económicos? Vários revolucionários actuais respondem que não. A resposta deles, repetida pela economia global, desde Bombaim a Mountain View, de Bentonville ao Bangladesh, é uma melhor forma de capitalismo, construída para um mundo mais minúsculo, frágil e sobrelotado: um capitalismo construtivo.

Da nossa amostra estatística de duzentas e cinquenta empresas, encontrámos quinze que se desfaziam dos fundamentos proverbiais de ontem. A nossa primeira surpresa foi verificar quem eram os primeiros capitalistas construtivos: um grupo heterogéneo mas importante. Eram algumas das maiores empresas do mundo e algumas das mais pequenas. Algumas das empresas mais velhas e algumas das mais novas; aquelas que se inserem no estereótipo de inovadoras radicais, eternamente activas, e aquelas com reputação de pesados gigantes. Atravessam as barreiras da indústria tradicional, as barreiras geográficas e de mercado. Esperávamos que muitas mais *start-ups*, que costumam ser consideradas inovadoras, fossem insurgentes, mas concluímos que a maior parte era radical apenas no nome. Contrariamente, foram muitas as empresas que não esperávamos que estivessem descontentes com o *status quo* do capitalismo da era industrial, como a Walmart, a Nike e a Unilever (ver tabela 1-1).

TABELA 1-1
Insurgentes e acomodados

Insurgentes	Acomodados
Apple	Sony
Google	Yahoo!
Tata	General Motors
Nintendo	Sega
Threadless	Gap
Lego	Mattel
Interface	Dixie, Mohawk
Unilever	Kraft
Nike	Adidas
Whole Foods	Safeway
Walmart	Target
Banco Compartamos	Citigroup
Starbucks	McDonald's
Wikimedia	Britannica
Grameen	Vodafone, HSBC

Talvez note que as duas últimas empresas da lista das insurgentes não são negócios ortodoxos. A Grameen é uma família de negócios sociais e a Wikimedia pode ser classificada de forma abrangente como uma organização sem fins lucrativos. Porém, ambas criaram quantidades de valor significativas que transformaram a indústria e, através disso, causaram impacto no capitalismo ortodoxo em todas as empresas, obrigando-as a alterar drasticamente as suas decisões competitivas. Foi por isso que as incluímos.

Os capitalistas construtivos não estão apenas a construir produtos, serviços, estratégias ou modelos de negócio melhores: *antes de mais*, estão a construir melhores instituições. Não se trata de um capitalismo que J. P. Morgan ou John D. Rockefeller reconheceriam, a não ser que analisassem a demonstração de resultados do exercício destes capitalistas construtivos. Este capitalismo é composto por um novo conjunto de fundamentos corajosos, preparados para a nova economia da interdependência.

Para aprofundarmos estes fundamentos, comparámos as quinze «insurgentes» com um conjunto de empresas contrastantes cuidadosamente escolhido, os acomodados da lista, presentes na tabela. Estes contrastes eram pares, muitas vezes rivais destemidos e históricos, dos revolucionários. A diferença? Limitavam-se a empregar os fundamentos do passado. Este conjunto de pares funcionou como grupo de controlo, que esperávamos que salientasse de forma evidente as diferenças entre os fundamentos novos e velhos. Como se tratava do mundo real e não de uma placa de Petri, não conseguimos controlar todas as diferenças, mas tentámos equipará-los tanto quanto nos foi possível, no que diz respeito a dimensão, escala, âmbito e propósito.

Após uma análise exaustiva dos dois conjuntos de empresas, através de estudo de casos, modelos financeiros e entrevistas, resumimos os nossos dados. As empresas insurgentes não estavam apenas a utilizar novos fundamentos, mas pareceu-nos que estava a surgir um grupo *comum*. Das quinze empresas que considerámos revolucionárias, cada uma delas se regia por um, dois, três ou mais padrões de novos fundamentos em comum. Estes fundamentos contrastavam bastante com os seus equivalentes do século XX. As insurgentes não se limitavam a corromper o *status quo*; estavam a construir algo novo em seu lugar: novos fundamentos para o capitalismo do século XXI. Formulámos uma definição de capitalistas construtivos e chamámos capitalismo construtivo ao que estas empresas estavam a criar. Os seus fundamentos são apresentados na tabela 1-2.

TABELA 1-2

Fundamentos do Capitalismo da Era Industrial vs.
Fundamentos do Capitalismo Construtivo

	Fundamentos do Capitalismo da Era Industrial	Fundamentos do Capitalismo Construtivo
Como ocorrem a produção, o consumo e as trocas comerciais	Cadeias de valor	Ciclos de valor
Que produtos e serviços são produzidos, consumidos e comercializados	Propostas de valor	Conversações de valor
Porque ocorrem a produção, o consumo e as trocas comerciais	Estratégias	Filosofias
Onde e quando ocorrem a produção, o consumo e a troca de bens	Protecção	Completude
O que é produzido, consumido e comercializado	Bens	Bens Melhores

O que tornava diferentes os capitalistas construtivos? Nos próximos capítulos, levá-lo-ei numa visita guiada a cada novo fundamento institucional – e depois, discutirei como pode começar a construir cada um deles. Para já, apresento uma explicação resumida:

- Renovando, e não explorando, os recursos no momento da sua utilização, os capitalistas construtivos estavam a mudar *de cadeias de valor* para *ciclos de valor*.

- Distribuindo recursos democraticamente e respondendo melhor à procura e oferta de *stocks*, estavam a mudar de *propostas de valor* para *conversações de valor*.

- Tornando-se mais competitivos a longo prazo, em vez de se limitarem a bloquear temporariamente a concorrência, estavam a mudar de *estratégias* para *filosofias*.

- Criando novas áreas de competição, em vez de dominarem as existentes, estavam a mudar de *protecção* para *completude*.

- Procurando compensações significativas, com importância em termos humanos, não apenas em termos financeiros, estavam a mudar do consumo de *bens,* para um consumo *de bens melhores*.

Nenhuma empresa insurgente está a criar todos estes novos fundamentos – por enquanto. Na verdade, todas as empresas insurgentes da lista ainda recorrem a pelo menos um fundamento *antigo*, e a maioria ainda recorre a vários. Em oposição, o que as torna insurgentes é o facto de estarem a traçar com intensidade e empenho pelo menos um *novo* fundamento. É nesse aspecto que diferem dos seus rivais da era industrial, que ainda continuam a recorrer a *todos* os fundamentos antigos.

Os revolucionários de hoje são *inovadores institucionais*: estão a recriar não apenas produtos, serviços ou modelos de negócio, mas também os fundamentos em que os produtos, os serviços e os modelos de negócio se baseiam. Os novos fundamentos que os capitalistas construtivos estão a conceber operam a um nível mais profundo: ordenam e organizam a produção, o consumo e as trocas comerciais. Veja como John Hagel III, guru de estratégia empresarial e co-director do Deloitte Center for Edge Innovation, um dos pioneiros de inovação institucional, define esta situação: «[Isto] redefine papéis e relações entre entidades independentes, para acelerar e aumentar a aprendizagem e reduzir os riscos.» É por isso que no século XXI «a inovação institucional vai superar tanto a inovação de produto como a de processo, em termos de potencial para a criação de valor.» ([17]) Pode encarar esta definição como parente daquela que Gary Hamel, professor na London Business School e autor do livro *The Future of Management*, cunhou de inovação na gestão. As instituições são conjuntos de práticas que nos são tão familiares que se tornam literalmente institucionalizadas, congeladas no lugar delas, como *microchips* de produção, consumo e trocas comerciais interligadas.

O problema é que o silicone económico do passado é tão obsoleto como um *mainframe*. Considere o que Hamel tem a dizer acerca da falta de inovação de uma ordem superior: «A prática de gestão parece ter evoluído ao ritmo de um caracol. Embora um director executivo dos anos 60 subitamente ressuscitado ficasse, sem dúvida, impressionado com a flexibilidade das cadeias de fornecimento em tempo real dos dias de hoje... ele iria achar muitos dos rituais de gestão actuais pouco mudados em relação aos que governavam a vida das empresas há uma ou duas gerações.» ([18]) Substitua *gestão* por *instituições* nestas frases e começará a ficar com uma ideia.

Mas os inovadores radicais dos dias de hoje estão a compensar rapidamente o tempo perdido. Como Peter Senge defende, ao longo da última década, um número crescente de organizações revolucionárias «aprendeu, à sua maneira, a ver os sistemas maiores em que existe e funciona. Olha mais além dos acontecimentos e de resoluções superficiais para encontrar estruturas e forças mais profundas em jogo». ([19]) E inovar essas «estruturas mais profundas» – as instituições – é, nos dias que correm, uma melhor aposta do que produzir de forma automática e abundante novos produtos, serviços, estratégias ou modelos de negócio; é o que é verdadeiramente escasso, raro e difícil de imitar.

As acções das empresas de capital aberto de capitalistas construtivos ultrapassaram os índices de mercado como o S&P 500, o NASDAQ e a Média Industrial de Dow Jones – não apenas ligeira, mas exponencialmente. Imagine por momentos que é um aguerrido gestor de fundos a que não faltam uns impecáveis sapatos de couro. Se investir o seu dinheiro num conjunto de fundos capaz – pelo menos a médio prazo – não pode sair-se mal, certo? Errado. Contradizendo a sabedoria tradicional, na primeira década do século XXI, os fundos foram uma aposta surpreendentemente fraca. Os mercados sofreram um dos piores períodos de sempre, não pouparam nada nem ninguém – foi uma década marcada por baixos níveis contínuos, que culminou numa espectacular destruição de valor. Se tivesse investido um milhão de dólares no S&P 500, na viragem do século XXI, teria *perdido* dinheiro após uma década. Ficaria apenas com cerca de 800 mil dólares (se ainda tivesse emprego). Mas enquanto os mercados de acções estagnaram, os preços das acções dos capitalistas construtivos mantiveram-se firmes, ganharam terreno e, por vezes, dispararam. Portanto, se, em contrapartida, tivesse investido um milhão de dólares na lista das empresas de capitalistas construtivos, teria ficado três milhões de dólares mais rico e teria mais do que triplicado o dinheiro pelo qual era responsável (e provavelmente teria recebido alguns bónus satisfatórios nesse processo). É esse o poder da economia do século XXI em acção: durante uma das décadas mais estagnadas da história financeira, uma diferença de mais de 300 por cento nas receitas.

Porém, verdade seja dita, o mercado não apresenta formas de contra-análise. Medida de mínimo denominador comum, o mercado revela resultados inconclusivos que são demasiado sensíveis a uma linha de fundo anónima, duvidosa e sobrevalorizada. E o valor dos accionistas não é uma medida de confiança que possa indicar se foi criado valor económico autêntico. É valor que pode ser transferido de outros accionistas, e não criado de raiz.

Em seguida, a minha equipa investigou de forma mais aprofundada. Essa capacidade incrível de criar valor para os accionistas reflectiu que, em quase todos os casos, como, por exemplo, na Apple, na Nintendo, na Google, na Nike e na Lego, os capitalistas construtivos tendiam a gerir as suas empresas não apenas em termos de valor para os accionistas, mas também, frequentemente, de lucro e crescimento. Entretanto, o lucro e o crescimento do nosso grupo de controlo de pares – os rivais mais aproximados – tendiam a decair e, muitas vezes, sem esperança de recuperação.

Mas esta conclusão está muito longe de explicar o *porquê* desta situação. Limitarmo-nos a captar um vislumbre de uma relação não explica o que a motiva nem tudo o resto. Portanto, não defendo que basta delinear um novo fundamento – ou não conseguir fazê-lo – para que se possa, sem falhar, determinar até ao mais ínfimo pormenor o que dá lucro a curto prazo a uma empresa. É preferível pensar que o desempenho meramente financeiro reflecte sempre um contexto competitivo mais profundo e descobrir as várias camadas revela o cerne da história. Qual é o elo que falta entre os fundamentos o desempenho, as instituições e as receitas? Numa palavra, *vantagem*.

Quero traçar o arco de uma história mais abrangente de um salto quântico económico, uma viagem para além do universo conhecido da economia da era industrial. Os insurgentes tiveram o poder de obter a eficiência, a produtividade, a eficácia e a agilidade da *próxima geração*, enquanto os acomodados se limitaram a obter o mesmo que os seus percursores da era industrial. Como uma superarma que ataca uma navalha, a última, menos poderosa, não consegue equiparar-se à primeira superpotente.

A Apple não se limitou a ultrapassar a Sony em crescente desempenho. Os cofres da Apple ultrapassaram a mera produtividade tecnológica e atingiram uma produtividade social que deixou a Sony a vacilar. O salto da Google, ultrapassando os limites exteriores da adaptação à *evolução,* permitiu-lhe que talhasse, aperfeiçoasse e melhorasse os seus serviços a um ritmo tão frenético que a Yahoo! se tornou irrelevante e, tal como a Sony, se viu a braços com um futuro cada vez mais inseguro. A ascensão da Walmart de mera eficiência operacional para a *socioeficiência* permite ainda hoje que esta empresa se mantenha um passo à frente da Target. O salto da Nike, da eficácia operacional para a *socioeficácia*, está a apagar a Adidas e a Puma. Todas são exemplos evidentes do que a Lego está a fazer à Mattel, do que a Nintendo fez à Sega e a Tata à GM, e o que a Threadless está prestes a fazer à Gap. Quero alertar que as empresas referidas na lista de insurgentes não são de modo nenhum *perfeitas*, imaculadas nem impecáveis. São apenas *melhores* em termos económicos.

Qual é o cosmos inexplorado no final desse salto quântico? Os capitalistas construtivos conseguem dar a volta ao valor reduzido e, em vez disso, criar valor *consistente, valor que tem importância, que perdura e que se multiplica*. Pense no valor consistente como um valor significativo em termos humanos, que reflecte ganhos duradouros e tangíveis, que não sejam neutralizados pelos dois tipos de malefícios económicos. Os insurgentes criam valor consistente quando geram lucros através de actividades cujos benefícios resultam em sustentabilidade, autenticidade e em algo significativo para as pessoas, as comunidades, a sociedade, o meio ambiente e as gerações futuras. Para ilustrar este conceito, regressemos aos hambúrgueres: um hambúrguer que gerasse valor consistente iria minimizar, a longo prazo, os 30 dólares da totalidade dos custos em todas as áreas, para três dólares ou, inversamente, seria tão bem produzido que podia ser vendido a um preço superior a 30 dólares. Nunca de forma fácil, sempre com imperfeições, raramente por completo, cada insurgente está a aprender a preencher essas lacunas da sua maneira única.

Contudo, proteger as pessoas, as comunidades, a sociedade, o meio ambiente e as gerações futuras desses malefícios económicos é exactamente o que a maioria das empresas *não* consegue fazer. A capacidade para gerar valor mais consistente do que o dos rivais, tendo um desempenho superior em termos de economia de próxima geração é, sugiro eu, o próximo nível de vantagem: uma *vantagem construtiva*. Eis o que os novos fundamentos a que os insurgentes recorrem conseguem fazer e que os fundamentos do passado não fazem: equilibram a balança do grande desequilíbrio. Os insurgentes conseguiram reduzir os malefícios e aumentar o valor autêntico, sustentável e significativo, mas os incumbentes não. O resultado é uma vantagem construtiva. Cada nova fonte de vantagem construtiva é consequência de um domínio real de um novo fundamento, de aprender a empregar uma nova instituição com poder, equilíbrio e precisão.

A vantagem construtiva é uma vantagem em termos de quantidade *e de* qualidade do lucro. Quando uma empresa tem *mais* lucros do que a rival, pode dizer-se que tem uma vantagem competitiva. E 90 por cento das empresas, encurraladas na era industrial, ainda procuram uma vantagem competitiva. O problema da vantagem competitiva de adversários e de soma-zero é que obter a maioria dos lucros na sua indústria ou sector *não* significa que essa parte de lucro não tenha sido conseguida transferindo custos ou pedindo benefícios emprestados: há poucas garantias de que os lucros que obteve *não* provenham de malefícios económicos. Na verdade, os seus lucros podem simplesmente reflectir um valor mais reduzido, mais artificial, insustentável e insignificante do que nunca. É essa a história em traços largos de Wall Street, Detroit e da Big Food. Só quando uma empresa ganha mais e obtém lucro de *melhor qualidade* do que os rivais se pode dizer que tem uma vantagem construtiva.

TABELA 1-3

Fontes de vantagem competitiva vs. fontes de vantagem construtiva

Fontes de vantagem competitiva	Fontes de vantagem construtiva
Vantagem de custo advém de uma *cadeia de valor* que explora os recursos até os esgotar.	**Vantagem de prejuízo** advém de um *ciclo de valor* que renova os recursos e torna o desperdício útil.
As marcas são promessas que expressam os benefícios de uma *proposta de valor* parcial.	**Capacidade de resposta** é o resultado de conversações *de valor* fluidas, contínuas e imparciais.
Domínio de mercado é o resultado de soma-zero que se obtém bloqueando a concorrência através de *estratégias*.	**Resistência**, uma vantagem evolutiva que se obtém pela competição aliada a uma *filosofia* persistente.
Captação de clientes, fornecedores ou reguladores verifica-se quando uma empresa *protege* um mercado da entrada dos concorrentes.	**Criatividade** verifica-se quando as empresas lutam para *concretizar* mercados, criando novas arenas de concorrência.
Diferenciação verifica-se através de diferenças superficiais (ou até imaginárias) nas características ou atributos que bens genericamente semelhantes oferecem.	**Diferença** verifica-se quando as empresas procuram compensações significativas que interessam; quando as empresas produzem *bens melhores*, fazem realmente *a diferença*.

As novas fontes de vantagem construtiva, enumeradas na tabela 1-3, são a expressão viva da capacidade de criar mais valor, de melhor qualidade do que os rivais.

Os capitalistas construtivos têm uma vantagem na *espécie* de valor que conseguem criar, não apenas na quantidade. Como valor de melhor qualidade é menos arriscado, menos dispendioso, mais defensável e mais duradouro, é normalmente mais valioso para os intervenientes de qualquer campo: pessoas, comunidades, sociedade, gerações futuras, empregados, reguladores e investidores. Como iremos averiguar, a Walmart, a Nike, a Apple e a Google não suplantam simplesmente os seus rivais porque criam mais valor. Ao criarem mais valor e de melhor qualidade, estão a saltar para o nível seguinte de vantagem. Como uma superarma estratégica, a vantagem construtiva ameaça os rivais, como a Sony, a Yahoo, a Gap e a Target, que sobrevivem obtendo com dificuldade cada vez menores lucros de baixa qualidade, acompanhados por uma decadência estratégica e também institucional.

É o que pretendo dizer quando afirmo que os revolucionários dos dias de hoje estão a reiniciar o capitalismo. Claro que não agem sozinhos. Os clientes, investidores, governos e fornecedores estão a apoiá-los em todos os momentos, recompensando-os cada vez mais por criarem valor de melhor qualidade. Os reguladores do mundo inteiro observam mais atentamente as práticas prejudiciais levadas a cabo pelas indústrias. Na América, vários sectores sofrem simultaneamente transformações – o sistema de saúde, o sector energético e o financeiro, para referir apenas alguns. A China começa a pensar seriamente no ambiente e promulgou finalmente legislação sobre a qualidade do ar, em Maio de 2010, e tem debatido a introdução do equivalente americano aos resultados de uma empresa medidos em termos sociais, ambientais e económicos (contabilização de resultados tripartidos) desde a década de 90. Os investidores olham cada vez com mais frequência para além dos resultados financeiros para avaliar a qualidade dos lucros, não apenas a quantidade. Medidas de responsabilidade social, tais como as avaliações KLD Research & Analytics, índices éticos como o índice de reputação ética, da Fraser Consultancy, e a avaliação da administração empresarial, como o quociente de governação empresarial, dos Institutional Shareholder Services, têm um papel cada vez mais preponderante na tomada de decisões de investimento reflectidas e imparciais. Os «consumidores», outrora impotentes e desligados, tornaram-se conhecedores, *clientes* sofisticados, que exigem mais de um negócio do que apenas as meras coisas de mais baixo denominador comum. Optam cada vez mais por comprar a empresas que importam, pagando um pouco mais pelos privilégios. E se pensa cinicamente que essas decisões de compra são um luxo, restrito a países ricos, e que consegue facilmente ultrapassar esta alteração drástica na procura explorando a China, a Índia ou a Malásia, pense melhor: é exactamente nesses países que as pesquisas sugerem que as pessoas optam *mais* por valor mais consistente. ([20])

O senão? Em todos os aspectos, as empresas são forçadas a interiorizar os malefícios económicos que causam e – algo que é ainda mais árduo – a oferecer benefícios mais autênticos, sustentáveis e significativos, com mais importância em termos humanos. As empresas capazes de o fazer alcançam uma vantagem construtiva. Por outro lado, isto também significa que as fontes de vantagem competitiva de outrora estão a ser desvalorizadas: não são suficientes para criar valor consistente. Diferenciação superficial, quota de mercado passageira, uma marca saturada, mais uma vantagem de custos irrisória — todos estes aspectos apresentam somente percursos cada vez mais árduos para melhores desempenhos, se é que oferecem algo. São uma aposta perdida num mundo em que o baralho tem como naipe um lucro de melhor qualidade. No passado, a mestria impiedosa da Walmart no corte de custos levou a uma vantagem competitiva imbatível, a nível mundial, mas também deu azo a tremendos malefícios económicos para as pessoas, as comunidades, a sociedade, o meio ambiente e as gerações futuras, pois transferiu custos e recorreu a benefícios de todos os intervenientes! Actualmente, talvez fique surpreendido por saber que a nova Walmart está a mudar de vantagem competitiva para vantagem construtiva, através de uma focalização intensa na eliminação dos dois tipos de malefícios económicos do seu enorme motor comercial à escala global. A Walmart apercebeu-se de que, à medida que o mundo muda de uma economia semelhante a uma reserva para a de uma arca, a vantagem competitiva não passa de uma jogada. É a vantagem competitiva que alimenta o desempenho superior do século XXI.

A vantagem construtiva pode ser considerada como o facto de uma empresa não ter dívidas consideráveis para com as pessoas, as comunidades, a sociedade, o meio ambiente e as gerações futuras. Como qualquer outro tipo de excesso de alavancagem financeira, a dívida profunda – com juros que aumentam a taxas cada vez mais absurdas – é um risco significativo. Pode ser cobrado pelas entidades já mencionadas em qualquer altura, quer através de impostos, regulação ou preferência de concorrentes com uma *menor* dívida profunda. Por outro lado, quando uma empresa reduz a dívida profunda, os riscos e os custos do excesso de alavancagem diminuem, reduzindo o custo de capital em todos os quadrantes e aumentando as receitas. Quando uma nova e radical Walmart se esforça para remediar os malefícios económicos do passado, está a dar os primeiros passos para travar e reduzir a dívida profunda. Eis, então, a sequência de passos que, de uma perspectiva económica, define a marca de um negócio do século XXI. Uma *menor* dívida profunda equivale a um lucro de *maior* qualidade e a uma vantagem *mais* construtiva.

A vantagem construtiva é a solução para escapar à jaula de ferro do dilema do capitalismo. Afirma: «Não temos de causar malefícios económicos para lucrar; na verdade, quanto *menores* forem os malefícios económicos, *mais* iremos lucrar.» O efeito competitivo? Os concorrentes ainda encurralados no dilema capitalista, aqueles que só conseguem gerar valor recorrendo a malefícios económicos, *têm* de começar a reduzir os custos que transferiram e a restituir os benefícios que pediram emprestados, se pretendem continuar na jogada. Xeque-mate: é a nova vantagem competitiva do capitalismo construtivo para o século XXI.

SÍNTESE

Quando, daqui a milénios, a nossa descendência criar o muro da fama para as maiores criações da Humanidade, tenho um palpite: no anexo empoeirado da «Remota Pré-História» – a par da democracia, do método científico e do *microchip* –, o capitalismo irá provavelmente ocupar o seu lugar de destaque. Talvez surja num painel holográfico que exiba o grande fracasso do planeamento central que Friedrich Hayek tão inteligentemente adivinhou; uma demonstração a quatro dimensões de uma mão invisível que retire mil milhões da pobreza global, como Adam Smith previu; ou será a grande e enigmática equação subjacente às ondas de vibração do empreendedorismo que Joseph Schumpeter descreveu de forma tão elegante.

Contudo, se pudessem teletransportar uma mensagem para os dias de hoje, lembrar-nos-iam da história do coiote Wile E. Os engenhos que encomendava à Acme Inc. talvez tivessem funcionado. Mas o que o coiote nunca conseguiu ultrapassar foram as *suas* limitações inerentes: a sua falta de imaginação, a sua imprevidência, a sua fixação insaciável na gratificação a curto prazo e a sua impressionante incapacidade para aprender com a última vez que foi pelos ares. Portanto, o pobre velho amigo Wile E passou a sua existência atormentada a cair de ravinas, a ser atropelado por camiões e a bater com a cabeça em paredes de tijolo.

O seu desafio – diriam os nossos descendentes – é parecido: repensar o seu papel enquanto capitalista e, nesse processo, construir um capitalismo que elimine os fracassos inerentes ao modelo antecessor da era industrial, sem sacrificar os seus ganhos. Numa economia global, abalada até ao cerne por uma crise histórica, esses fracassos nunca foram tão evidentes. A agenda capitalista do século XXI deve, em suma, repensar o «capital», para criar organizações que sejam menos máquinas e mais redes vivas dos vários tipos de capitais, quer seja o capital natural, o humano, o social ou o criativo. E, em segundo lugar, deve repensar o «ismo»: como, quando e onde os vários tipos de capitalismo podem ser enraizados, alimentados, distribuídos e usados da forma mais produtiva, assim como renovados. Se assim é, precisamos é de uma nova geração de renegados que crie fundamentos institucionais mais profundos e fortes.

Embora talvez não queiramos admiti-lo, sabemo-lo instintivamente: prosperar realmente exige *mais* do que a capacidade de alcançar a forma antiga de plenitude, cujos meandros foram bastante explorados. Exige, de forma mais genuína, que *não* se incorra nesta última forma de plenitude, aumentando a dívida profunda e, em vez disso, exige a capacidade de tirar o melhor partido de todos os recursos inexplorados de capital humano. Eis, em suma, a agenda do capitalismo do século XXI. Repensar o «capital», construir organizações que sejam menos máquinas e mais redes vivas de muitas espécies diferentes de capitais, quer seja capital natural, humano, social ou criativo. Em segundo lugar, repensar o «ismo»: como, quando e onde os vários tipos de capitalismo podem ser enraizados, alimentados, distribuídos e usados da forma mais produtiva e também renovados. Em conjunto, constituem uma promessa de que as empresas, os países e as economias vão ascender a um nível mais alto de vantagem e atingir um apogeu de desempenho.

Daí uma nova geração de renegados que definem fundamentos institucionais mais profundos, fortes e abrangentes. Não estão a lucrar *apesar* de deixarem as pessoas, as comunidades, as sociedades e as gerações futuras em melhores condições, mas a lucrar *porque* o fazem. Como vamos descobrir, é essa a essência da autêntica criação de valor que, quando cresce, é o que promete reiniciar a prosperidade. Através da concepção, do instinto, por vezes, acidentalmente, estas empresas estão a constituir uma melhor espécie de negócio. Procedendo deste modo, é possível que condenem à extinção o mundo dos negócios tal como o conhecemos.

Seguir o brilhante percurso destes inovadores é uma viagem levada a cabo em seis passos: dominar as cinco novas fontes do capitalismo construtivo e os seus fundamentos e, finalmente, aprender a pô-los em prática com a máxima eficácia. Embora possa estar repleta de exemplos e casos, a história que vou contar-lhe é sobre *fundamentos,* não sobre empresas. As empresas estão presentes apenas para ilustrar e clarificar os contornos dos fundamentos. Os nomes das empresas que alcançam uma vantagem de nível superior vão inevitavelmente mudar, mas só porque os inovadores institucionais do futuro vão estabelecer fundamentos ainda mais inabaláveis.

O futuro pertence aos capitalistas construtivos. Eis como tornar-se um deles.

SEGUNDO CAPÍTULO

Primeiro Passo:

A Vantagem do Prejuízo
DE CADEIAS DE VALOR A CICLOS DE VALOR

O primeiro passo para se tornar um capitalista construtivo é aprender a obter uma vantagem do prejuízo, algo que ocorre quando se transforma uma cadeia de valor linear numa cadeia de valor circular. Eis como alguns revolucionários deram início à mudança.

*

Era a Estrela da Morte das empresas: ultra-elegante, ultraterrível e do tamanho de um planeta. Através da exploração dos recursos naturais, pressionando fornecedores e esmagando comunidades, a Walmart cresceu e tornou-se a maior empresa do mundo e o inimigo público número um de uma geração de activistas e reformadores. Mas, actualmente, está a reconstruir-se com três objectivos *benevolentes* suspeitos: recorrer exclusivamente a energias renováveis, eliminar a produção de desperdícios e vender apenas produtos que beneficiam o meio ambiente. O objectivo mantém-se, como sempre: ter mais eficácia, mas, desta vez, recorrendo a uma forma radicalmente construtiva de eficácia do século XXI, a principal prioridade nas famosas reuniões espartanas das salas de Bentonville.

O antigo objectivo da Walmart era a vantagem de custos, a forma mais primitiva e simples de vantagem na era industrial. A vantagem de custos é a concretização da eficácia operacional: reduzir inflexivelmente os custos para que tanto a gestão da empresa como a economia lucrem. A Walmart construiu a maior empresa do mundo, reduzindo os custos de mão-de-obra, de *marketing* e de *input*.

Mas a mera eficácia operacional apresenta um problema. As empresas impõem a terceiros uma gama abrangente de custos praticamente imperceptíveis, imprevistos e indesejados – custos ambientais, humanos, sociais, para nomear apenas alguns –, e, como estes custos são muitas vezes invisíveis, permanecem imponderados e, consequentemente, não são reduzidos. Estes custos são frequentemente descritos como externalidades negativas, ou efeitos de propagação, um conceito usado pela primeira vez pelo economista de Cambridge Arthur Cecil Pigou e reformulado, ao longo dos anos, por vários pensadores, entre os quais Peter Senge do MIT (que os aplicou às organizações), pelos líderes impiedosos de sustentabilidade Paul Hawken e Amory e Hunter Lovins (que apontaram o seu impacto no mundo natural) e pelos vencedores do Nobel Joe Stiglitz e Amartya Sen (que analisaram as suas repercussões a nível macroeconómico). ([1]) As suas análises profundas têm em comum a seguinte noção: quando a gama total de custos não é minimizada, uma espécie de valor é simplesmente trocada por outra. O custo que, por um lado, é minimizado pode simplesmente ser reposto por outro – como uma fábrica que polui um rio, carros que libertam gases para a atmosfera ou alimentos que causam problemas de saúde. Se os produtos forem «grátis» são subavaliados – e, portanto, podemos usá-los em excesso. É desta forma que a busca da mera eficiência operacional redunda frequentemente na exploração de recursos escassos.

Então, a quem são estes custos imputados? Nas empresas ortodoxas, estamos habituados a considerar os rivais, tais como concorrentes, compradores, fornecedores e vendedores de produtos associados, como entidades que temos de suplantar em termos ortodoxos, nomeadamente através da eficiência operacional. Porém, os capitalistas construtivos que analisámos consideraram cinco categorias funcionais de intervenientes que refiro ao longo deste livro: *pessoas, comunidades, sociedade, mundo natural* e *gerações futuras*.

Assim, o poder negocial pode ter permitido à Walmart alcançar «preços baixos todos os dias», a expressão viva da eficiência operacional, mas apenas recorrendo a custos escondidos e incalculáveis a nível ambiental. Sem ter de pagar os custos de manutenção, sustentabilidade e renovação desses recursos, considerando o tamanho e o alcance da Walmart (se fosse um país, estaria entre as vinte e cinco maiores economias mundiais), os recursos naturais acabariam por ser ameaçados, colocando as comunidades e a sociedade numa posição ofensiva. Adam Werbach, director executivo da Saatchi & Saatchi S, um pioneiro da sustentabilidade global, que trabalhou em proximidade com a Walmart para dar início a esta grande mudança, explicou-me esta situação da seguinte forma: «A Walmart começou por adoptar a sua iniciativa sustentável como uma medida defensiva. Depois do crescimento explosivo na década de 90, na qualidade de uma das empresas mais respeitadas no mundo, não estava preparada para os ataques de que foi alvo, especialmente da comunidade laboral e ambiental. Assim que alcançou o top da lista da *Fortune 500*, as expectativas da sociedade também aumentaram.» [2]

Eis as expectativas da sociedade: na actualidade, uma Walmart radicalmente renovada está a descobrir que a eficiência operacional não basta para sustentar uma vantagem económica duradoura. A melhor definição de eficiência apresentada pelo capitalismo construtivo é *socioeficiência*. Significa minimizar *todos* os custos que a produção implica, quer sejam os custos ortodoxos de responsabilidade directa dos negócios da era industrial ou os custos menos visíveis para a sociedade, as comunidades, o ambiente e as pessoas. Trata-se de uma espécie de eficiência mais completa e válida em termos económicos, não apenas uma eficiência parcial, em que apenas parte dos custos abrangidos na produção são mencionados.

Alcançar uma eficiência superior – ou a socioeficiência, na perspectiva do século XXI – não se traduz na vantagem de custos mas na *vantagem do prejuízo*: a primeira das novas fontes de vantagem que o capitalismo construtivo gera. A Walmart está a usá-la para remodelar as bases económicas da produção e do consumo. Vantagem do prejuízo significa uma vantagem na minimização dos custos directos de um negócio, enquanto *também* se minimizam as *perdas* sociais, humanas, públicas e ambientais impostas aos outros agentes económicos. Ao passo que os negócios que pretendem obter vantagem de custos são muitas vezes irresponsáveis, oscilam, escondem-se e imputam os custos aos outros, os negócios que procuram obter uma vantagem do prejuízo são radicalmente, e, na verdade, incessantemente responsáveis: responsabilizam-se pela gama completa dos custos e das perdas que a produção implica.

A eficiência operacional pode ser considerada uma subcategoria da eficiência social. É eficiente apenas no sentido mais parco e restrito: reduz apenas os custos directos, aqueles que as empresas são *obrigadas* a pagar, hoje em dia, por lei, por pressão social ou devido à concorrência. Os agentes que procuram vantagem do prejuízo estão a dar a volta a essa eficiência restrita: esforçam-se por reduzir *todos* os custos que conseguem detectar, protegendo-se e escudando-se da futura regulamentação, da pressão social e dos accionistas e aumentando a pressão competitiva sobre os concorrentes. Em 2009, o Congresso aprovou a marcante Lei Americana de Segurança e Energia Limpa, que, pela primeira vez, tinha por objectivo controlar os gases com efeito estufa nos EUA. Embora possa não ser aprovada pelo Senado este ano, eis a questão: é inevitável que, quando uma lei que pretende controlar, limitar ou taxar as emissões de carbono entra em vigor, os agentes que pretendem uma vantagem de custos vão deparar-se com os seus custos-base alterados, porque terão de pagar os custos relativos ao carbono. Porém, se *ontem* tinham procurado uma vantagem do prejuízo, teriam contornado esta alteração, porque, enquanto os concorrentes passavam por dificuldades, eles *já* teriam minimizado, trocado e compensado os custos de carbono.

Uma segunda espécie de vantagem do prejuízo verifica-se quando, ao minimizar os custos e as perdas dos outros, os negócios têm capacidade de obter maiores poupanças de custos do que os concorrentes que apenas procuram uma vantagem de custos. Atente no segundo dos novos objectivos de sustentabilidade da Walmart: alcançar um desperdício zero. Enquanto a empresa toma medidas para minimizar o desperdício, as perdas para com as comunidades e a sociedade são minimizadas. A Walmart obtém maiores poupanças em custos do que no passado, tendo menos desperdícios, recorre a menos embalagens e tem custos menores de recolha de lixo.

É apenas o início. As empresas direccionadas para a vantagem do prejuízo são frequentemente capazes de acabar com a distinção da era industrial entre bens a preços altos que são benéficos para todos e bens a preços baixos que não o são. Reduzir os custos do consumidor torna aquilo que disponibilizamos mais valioso para ele, ao mesmo tempo que também disponibilizamos bens a preços baixos.

Veja como a história da Walmart difere da da StarKist. Um dia, os gestores da StarKist decidiram que as pessoas queriam responsabilização, então, desenvolveram métodos não prejudiciais para os golfinhos, aquando da pesca de atum, e cobraram uma taxa por isso. Choque: os consumidores não pagavam mais por este atum.

O verdadeiro desafio da StarKist não era unicamente criar um produto sustentável e cobrar uma taxa por isso: era redesenhar completamente o negócio e a torná-lo capaz de oferecer atum que não prejudicava os golfinhos *a um preço equivalente ou mais baixo*. A StarKist podia ter investido em pescarias sustentáveis ou em reservas de golfinhos (para «compensar» e proteger os golfinhos), por exemplo. O seu objectivo devia ter sido minimizar as perdas sociais dos golfinhos desaparecidos *enquanto* minimizava os seus próprios custos.

Mas, tal como muitas outras empresas, a StarKist queria apenas transferir custos e não minimizá-los; mantendo a falta de imaginação e tentando obter o mesmo valor reduzido, a StarKist encarou as perdas para a sociedade como algo que devia ser suportado directamente pelas pessoas, em vez de ser *minimizado*. Numa perspectiva económica, queria cobrar uma taxa às pessoas pelo luxo de não terem de ser obrigadas a aguentar uma externalidade negativa.

É uma atitude tão típica do século XX que até dói. Passo a descrever a vantagem do século XXI. A Walmart (sim, a Walmart!)

colocou organizações não governamentais (ONG) como o Conselho de Protecção Marinha no centro das suas novas redes de abastecimento. Em conjunto, a Walmart e o Conselho estão a trabalhar para oferecer ao mercado exactamente o que a StarKist não ofereceu: peixe apanhado de forma sustentável, a um preço mais baixo para os consumidores do que o pescado da forma tradicional.

É provável que os custos da StarKist subam porque os *stocks* de pescado sem sustentabilidade estão a desaparecer rapidamente. Os custos da Walmart, pelo contrário, devem diminuir, porque a balança, os efeitos da aprendizagem e uma maior abundância fazem baixar os preços de pescarias sustentáveis. Quando essas curvas de preços se cruzarem, podemos dizer adeus à StarKist.

Uma pequena réplica de um terramoto em maior escala ocorre em Bentonville. A fonte basilar de vantagem que a nova Walmart procura já não é uma vantagem de custo: é uma vantagem de prejuízo. Ao proceder desta forma, a Walmart está a lutar para alcançar um novo nível de eficácia, através da redução dos custos *e* das perdas imputadas à sociedade, o primeiro passo para a criação de valor consistente.

Então, como passa uma empresa da mera eficiência operacional para a obtenção de uma maior eficiência social, e ganha uma vantagem de prejuízo? A vantagem de prejuízo verifica-se através de uma reconceptualização, reorganização e reconstrução da produção e do consumo num ciclo de valor, e não numa cadeia de valor. Os inovadores dos dias de hoje estão a descobrir que a criação de ciclos de construção, e não de cadeias, é a solução para renovar os recursos do futuro, em vez de simplesmente os explorar no presente.

DAS CADEIAS DE VALOR AOS CICLOS DE VALOR

As empresas do século XXI assentam em recursos renováveis que podem ser reabastecidos a uma velocidade mais rápida do que aquela a que são consumidos. Num século XXI interdependente, os recursos renováveis oferecem mais-valias económicas mais fortes do que os recursos não renováveis. Os recursos renováveis apresentam menos riscos de interrupção e têm menores custos de substituição, manutenção, desperdício e eliminação. Uma mina de diamantes pode gerar lucro durante algumas décadas mas, quando se esgotar, o lucro termina. Portanto, actualmente, os recursos renováveis aproximaram-se do que o vencedor do Nobel Harry Markowitz cunhou de fronteira de eficiência: normalmente, podem criar mais valor, acarretando menores riscos, durante um maior período de tempo.

É o completo oposto do passado. Os negócios do século XX assentavam em cadeias de valor – linhas de produção maiores e piores, se pensarmos bem – que tendem a levar as empresas a criar bases de recursos *não* renováveis. John D. Rockefeller transformou a paisagem industrial americana ao integrar verticalmente a produção, a refinaria, o *marketing* e a distribuição de petróleo numa cadeia de valor a nível global que definiu uma era, que o quadro de gestão da Standard Oil controlou rigidamente a partir de uma sala no número 26 da Broadway. As cadeias de produção foram concebidas para uma produção linear e, tal como na cadeia de valor da Standard Oil, o pensamento linear é predominante. Pode esgotar bens, deitá-los fora e não tem de se preocupar com o sítio onde vão parar; esse é um problema de outra pessoa.

A produção linear é criada para produzir repetidamente coisas efémeras com um ciclo de vida fixo. Por exemplo, a cadeia de valor da Standard Oil perfurou, refinou, colocou em barris, transportou, comercializou e vendeu petróleo. Era ali que a cadeia terminava. Para a Standard e as suas descendentes, a Exxon, a Mobil, a Chevron, a Unocal, o petróleo «morria» assim que os motores o emitiam sob a forma de carbono. Evidentemente, no final da cadeia, os desperdícios não morrem. São apenas transmitidos à sociedade, às comunidades e às pessoas.

Ao invés, os negócios do século XXI assentam em ciclos de valor. Num marcado contraste com a produção linear, a essência de um círculo é a produção circular. A produção circular introduz um «ciclo de retorno à vida» no ciclo de vida ortodoxo. Os ciclos de valor têm em conta a forma como os recursos são utilizados quando se esgotam ou já não são produtivos, como são reciclados, reorientados, produzidos novamente de forma a tornarem-se outra vez recursos vivos ou produtivos. São criados não apenas para produzir rendimento, mas para *re*-produzir rendimentos, a partir de recursos que podem ser renovados.

O objectivo de um ciclo de valor é simples: não desperdiçar nada, reabastecer tudo. Os ciclos utilizam intensivamente os recursos *sem* os esgotar. Na verdade, no limite, apresentam um novo tipo de escala económica para o século XXI: *economias de ciclo*. Quanto mais intensa, frequente e duradouramente os recursos forem accionados, mais descem os custos em média, pois cada ciclo amortiza e contrabalança os custos fixos da produção, como as plantas, a prosperidade e as pessoas.

Os ciclos de valor acrescentam quatro novos segmentos às cadeias de valor para as reconfigurar ciclicamente:

Remarketing – Que rendimentos devemos voltar a usar, accionar e produzir? Como analisarei posteriormente, a Interface utiliza as suas próprias alcatifas e mosaicos, assim como as dos concorrentes, para reciclar, reutilizar e voltar a fabricar.

Reprodução – O que vamos reutilizar, reciclar e/ou voltar a produzir? A tecnologia Cool Blue, radicalmente inovadora, da Interface permite a reprodução de novos mosaicos a partir de uma variedade de materiais reutilizáveis e recicláveis.

Logística inversa – O que podemos fazer para que produtos rejeitados voltem a ser fabricados? O serviço ReEntry da Interface recupera alcatifas velhas de qualquer pessoa que não as queira, através de parcerias com empresas sociais e de caridade que gerem a escolha, o transporte e por vezes os donativos.

Rotação – Em que direcção se move ciclo de valor? As cadeias de valor são ruas de sentido único, mas os ciclos de valor podem mover-se de variadíssimas formas.

Enquanto a cadeia de valor da era industrial se assemelhava à figura 2-1, o ciclo de valor é apresentado na figura 2-2.

Para entender de que forma os inovadores estão a construir os ciclos de valor, vamos analisar cada segmento do ciclo.

FIGURA 2-1

A cadeia de valor

Logística de entrada → **Operações** → **Logística de saída** → *Marketing* → **Serviço**

FIGURA 2-2

O ciclo de valor

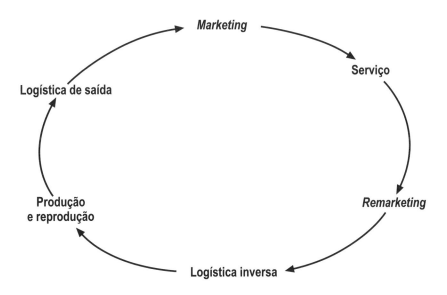

Os inovadores radicais estão a mudar de cadeias de valor para ciclos de valor: redes de produção circulares concebidas para o aproveitamento, a reutilização, a reciclagem e a nova produção.

REMARKETING

Remarketing prende-se com a compreensão da espécie de recursos que são renováveis e podem ser introduzidos num ciclo e aqueles que não o são nem podem ser. Construir um ciclo de valor é ter a capacidade de introduzir nele matérias que podem ter um percurso cíclico. Por outro lado, só quando uma empresa entende o que está a desgastar pode perceber o que pode passar a renovar.

O índice ponderado da Nike avalia a pegada ambiental dos ténis que produz. Calcula os desperdícios através do *design* e da produção, a toxicidade dos tratamentos, como solventes prejudicais e a sustentabilidade, em termos de uso energético, gastos de água, intensidade de reciclagem e impacto de carbono dos materiais usados na produção. Por meio do índice ponderado, a Nike começa a perceber em que grau os seus ténis esgotam uma gama alargada de recursos naturais – dos lençóis freáticos à atmosfera e aos terrenos usados como aterro – e como pode optar por materiais e *inputs* renováveis, como alternativa.

O índice ponderado é a primeira fase da plataforma da Nike para a reinvenção da empresa. Entender que recursos, onde e como a Nike está a gastá-los é o primeiro passo de uma viagem de transformação drástica e profunda. Através do índice ponderado, a Nike foi pioneira numa abordagem totalmente nova na concepção de sapatos: o *design* ponderado, concebido para «reduzir os desperdícios através do processo de *design* e de desenvolvimento, para recorrer preferencialmente a materiais amigos do ambiente e para eliminar produtos tóxicos». ([3])

O *design* ponderado implica a concepção de calçado de alto desempenho desde o início, sem nunca esgotar os recursos e reabastecendo-os sempre. Destrói o dilema esgotado da era industrial do passado que determinava que o desempenho, o custo e a sustentabilidade eram inconciliáveis. Por meio do *design* ponderado, a Nike consegue produzir calçado de elevado desempenho, mais inovador, mais sustentável *e* mais vendável do que os sapatos da concorrência. Actualmente, os ténis desportivos mais vendidos da Nike, o modelo Pegasus, foram concebidos através de *design* ponderado e repensados desde o início. São fabricados com materiais ecológicos, que requerem um baixo consumo de energia, por exemplo, adesivos com um grande teor de água, borrachas e espumas recicláveis, como a Nike Grind, a borracha reciclável da própria Nike, e eliminam por completo materiais desnecessários. O resultado? Um sapato 13 por cento mais leve com uma sola 83 por cento reciclável que implica mais rendimento – para os corredores, para a Nike e para a sociedade. *Isto* é valor consistente. Não é de espantar que, até 2011, a Nike pretenda que todos os seus sapatos sejam fabricados por meio do *design* ponderado, até 2015, todos os acessórios, e todos os produtos até 2020.

A Nike é um mestre de *remarketing*. Pergunta-se incessantemente: podemos reutilizar, reciclar, reorganizar ou voltar a produzir este *input* ou *output*? Se não for possível, podemos trocá-lo com alguém que lhes dê utilidade e que nos compense por isso? Se isso não for possível, temos de encontrar uma forma de o retirar completamente do ciclo, porque os ciclos não podem ser alimentados com maus *inputs*, que não possam ser reciclados, reutilizados ou reorganizados. O *design* ponderado é uma das formas mais avançadas do mundo de responder a estas perguntas.

REPRODUÇÃO

O índice ponderado é apenas o começo. O objectivo da Nike em relação ao *design* ponderado é optar pela produção circular, segundo a qual, nas palavras que descrevem esta visão empresarial, «todas as coisas podem ser recicladas e transformadas em algo igualmente desejável». [4] O índice ponderado e o *design* ponderado são o primeiro e segundo passos. Assim que a Nike descobrir um conjunto de materiais, de processos e de tratamentos que não sejam tóxicos, prejudiciais nem causem desperdício, o terceiro passo é debruçar-se sobre o modo de *recuperar sapatos prestes a ser deitados fora*. Assim que souber recuperar sapatos, conseguirá voltar a produzi-los a um preço baixo, em ver de fabricar sapatos novos, alargando a sua nova e melhor vantagem de prejuízo.

Pioneira em ciclos de valor, a Nike tem vindo a criar um novo conceito de calçado desde 1993. Duas fábricas, uma nos EUA e outra na Bélgica, transformam sapatos em borracha, espuma e tecido. A borracha é vendida para construir campos de futebol cobertos, a espuma e o tecido para campos de basquetebol e campos de ténis. Actualmente, uma Nike do século XXI espera quebrar barreiras na capacidade de renovar produtos, do *remarketing* ao desperdício e à reprodução de produtos. O seu objectivo é ser uma empresa cujo calçado vendido seja usado até à exaustão e depois levado a uma loja da Nike, para ser reproduzido e transformado em novos pares de sapatos, em acessórios ou em equipamento desportivo da Nike. Os clientes e a sociedade ganham, e também a Nike, cujos lucros prometem aumentar, assim que os efeitos do ciclo se enraizarem.

A Nike exprime esta ideia da seguinte forma: «Actualmente, os seus ténis de desporto gastos já podem perdurar em algo novo: uma pista, um campo de basquetebol, um parque infantil. Mas, no futuro, o nosso objectivo é reciclar os sapatos desportivos, os acessórios e o equipamento e transformá-los em novos produtos da Nike. Assim, os materiais que usamos vão passar por muitos ciclos de *design*, produção e utilização. Tal como o que acontece com as garrafas, as latas e o papel.» ([5])

Percebeu como o objectivo final da Nike é absolutamente radical? É uma nova concepção da produção e utilização de calçado, alimentada pela renovação e não pela extinção de recursos. Onde a concorrência vê sustentabilidade como um exercício de *marketing*, a Nike entende que um ciclo de valor é a solução para alcançar a vantagem de prejuízo e para reconstruir um negócio de próxima geração que possa competir, criando valor cada vez mais consistente.

A Interface, Inc. está a levar o segundo segmento da vantagem de prejuízo ainda mais longe, reutilizando não só o seu próprio desperdício, como o de outras empresas. Apresento-lhe o director executivo Ray Anderson, autor de *Confessions of a Radical Industrialist,* que ajudou Mike Duke, director executivo da Walmart, a elaborar e a definir a sua visão de sustentabilidade e que deu formação à equipa da Walmart, mostrando-lhe as fábricas da Interface em funcionamento. Preste atenção à visão dele: «Queremos alimentar todas as fábricas com luz solar, uma energia renovável, e fechar o ciclo dos fluxos de materiais para que não nos deparemos apenas com o ciclo orgânico básico com o qual estamos familiarizados – o ciclo esgotado – mas, de uma forma análoga, com um ciclo técnico que recorra a produtos já utilizados e que os reutilize depois do seu uso através do processo de reciclagem, para que não se desperdice uma só molécula.» (6)

Nem uma só *molécula*? Não admira que Ray Anderson tenha dito nem mais nem menos à *Fast Company*: «Quero ser o pioneiro da próxima revolução industrial.» O objectivo da Interface é tornar-se a primeira empresa de soalhos que «não está dependente de poços de petróleo». (7) Como o vinil e outros subprodutos de petróleo são *inputs* fundamentais para os soalhos, a escassez cada vez maior de petróleo é uma bomba-relógio para as empresas do ramo. A Interface já produz fio reciclável de fibras de base biológica, feitas principalmente de farinha de milho. Mas, através do ReEntry, o seu programa pioneiro de reabilitação e reciclagem, a Interface vai renovar as alcatifas da concorrência, assim como as suas. Daí o *slogan* do programa ReEntry: «A Interface quer a sua alcatifa» – e, no futuro próximo, os seus mosaicos, as suas garrafas de plástico e, talvez, até o seu lixo.

Sim, lixo. A Interface desenvolveu um processo de produção radicalmente novo para o reforço da sua alcatifa Cool Blue chamado Cool Blue, na fábrica de Lagrange, na Geórgia. Em vez de usar matérias-primas novas para fabricar mosaicos e alcatifas, o Cool Blue permite à Interface reproduzir novas alcatifas e mosaicos a partir de produtos antigos e também a partir de muitas outras coisas. O Cool Blue consegue produzir mosaicos e alcatifas com milho, em vez de petróleo, e como o milho é renovável e o petróleo não, a Interface tem a possibilidade de realizar uma vantagem de custo a longo prazo.

Pense na economia em acção. Assim que os materiais pertencerem ao ciclo de valor da Interface, mantêm-se: podem ser perpetuamente reutilizados e reciclados. Porque o que a alimenta é o desperdício de outras empresas, a Interface consegue obter matérias-primas a preços mais baixos. E eis a revelação: como os *inputs* de baixo preço já são usados vezes sem conta num ciclo, os custos médios descem para zero para a Interface *e* para a sociedade – é um lucro cada vez mais consistente. Tal como Anderson refere à AltEnergyStocks: «Ao longo de 15 anos demonstrámos que a sustentabilidade é um caminho melhor para um lucro maior e mais legítimo.» [8]

Ao ser benéfica para todos, a Interface está a ser benéfica para si própria. Quanto mais utilizar o Cool Blue, mais alcatifas e mosaicos a Interface poderá fabricar sem recorrer a petróleo novo e mais vantagens terão as pessoas, a sociedade, o ambiente e a Interface.

Porém, nem tudo pode entrar num ciclo com tanta facilidade. Como todos os outros negócios, a Interface ainda usa energia e é responsável por emissões de carbono. A Interface não pode recuperar e reciclar estes recursos por si só. Então, para equilibrar esses custos, passou a recorrer a energia ecológica produzida de forma renovável, por exemplo por meio de quintas eólicas e de fábricas geotérmicas. O carbono é contrabalançado pelo investimento na redução certificada de emissões e por projectos de redução de carbono. A Interface comprou créditos de redução de emissões por exemplo a uma quinta de energia eólica na Nova Zelândia. Embora seja muitas vezes alvo de crítica pelos ambientalistas, a tentativa de contrabalançar é uma forma de circular produção através de *outsourcing* de uma conclusão de um ciclo ecológico para outros, que renovam os nossos desperdícios por nós. Como este contrabalanço é vulnerável aos mesmos problemas de informação e conflitos de interesses (tais como garantir que os subcontratos mantêm os nossos padrões elevados) que podem surgir na maioria das relações de equilíbrio, nem sempre é a forma mais eficiente de concretizar um ciclo. Porém, para muitos, é uma forma fácil de explorar a nova economia da produção circular.

Muitas empresas estão a esforçar-se por ter um balanço neutro de carbono. Porém, para a Interface, este aspecto não passa de um requisito mínimo. A empresa equilibra as emissões de carbono e compra energia ecológica para alcançar uma posição neutra de desperdício. Mas a Cool Blue permite à Interface ter um nível de *desperdício positivo*, porque recupera desperdícios alheios, acabando por reduzir a quantidade total de lixo na sociedade. Ou, de um ponto de vista económico, minimiza os prejuízos de todos, porque o desperdício é um prejuízo líquido. É verdadeira vantagem de prejuízo: lutar não apenas para ter uma posição neutral a nível de desperdício, mas uma posição positiva, reabastecendo *mais* do que se explora.

Actualmente, a Interface é talvez a única empresa do mundo que mais renova, assente quase inteiramente em recursos renováveis. É um verdadeiro negócio do século XXI, porque a Interface já não depende da escassez acelerada dos recursos nem da devastação do mercado que esta provoca. A Interface faz algo decisivo parecer fácil. Mas a maioria das empresas ainda é presa do capitalismo ortodoxo. Pense no quão radical seria o impacto de introduzir ciclos num sector como o do pronto-a-vestir. Neste sector, as receitas dos produtos e o desperdício semanal gerado por consumidores em busca de vestuários supérfluo são imensos. A Topshop chega a apresentar mais de trezentas peças novas na sua loja em Londres, todas as semanas. Ao acelerar o ritmo de produção na moda, a Topshop (e as suas concorrentes, a Zara e a H&M) é também responsável pela rápida acumulação de roupa indesejada. Embora a Topshop tenha respondido às preocupações de sustentabilidade – por exemplo, comprando mais algodão no comércio justo –, nesta indústria, os ciclos são inevitáveis, porque o primeiro concorrente a renovar a roupa de *todos*, tal como a Interface recicla as alcatifas dos concorrentes, terá uma vantagem de prejuízo significativa. Irá, por fim, ter capacidade para produzir novos *outputs* mais baratos, mais depressa e de forma mais credível do que a velha cadeia de valor da era industrial.

Esta rotina circular implica simplesmente descobrir como o desperdício pode ser intensivamente transformado em matéria consumível. As economias de escala criam um incentivo poderoso para que se utilizem os recursos em toda a sua capacidade: produzir incessantemente o máximo possível com o intuito de reduzir os custos médios. Nas economias de ciclo, os incentivos mudam radicalmente: os custos médios não diminuem pelo *output*, mas pelo número de vezes que um *input* pode voltar a ser usado e reciclado. Para a Interface e para a Nike, o custo médio de alcatifas e de sapatos desce quanto mais esses produtos puderem voltar a ser fabricados, dado que o mesmo plástico, a mesma borracha, a mesma espuma e outras matérias-primas são usados de forma circular e reciclados, passam de produto a desperdício e depois voltam a entrar no ciclo. A questão crucial é que estas matérias-primas não têm de voltar a ser compradas nem novamente pagas.

LOGÍSTICA INVERSA

O terceiro segmento de um ciclo de valor é a logística inversa, e os ciclos de valor mais eficazes são os mais *curtos*. Os detentores dos ciclos de valor têm sempre um incentivo para aproximar a produção o mais possível do consumo para minimizar o fluxo dos recursos para a reciclagem, reprodução, reorganização e reutilização.

Enquanto a Nike desenvolve o seu ciclo de valor, terá de aprimorar este novo segmento para garantir não somente que os ténis cumprem o seu percurso da fábrica até ao desportista, mas também que, depois de serem utilizados, regressam para a fábrica para voltarem a ser fabricados. A Interface já construiu a sua equipa de retoma, a ReEntry, que recolhe os tapetes usados pela Interface e pela concorrência. A Interface sabe que quanto mais *inputs* grátis se acrescentam ao ciclo e se voltam a fabricar, mais se reduzem os custos médios e mais valor consistente será gerado.

ROTAÇÃO

O quarto segmento na construção de um ciclo de valor é a rotação. Quem põe o ciclo em movimento? Os ciclos de valor podem avançar, tal como as cadeias de valor lineares, baseadas na oferta, e ortodoxas, em que os directores primem o gatilho que impele os bens através das várias fases de produção. Mas deviam recuar. Para que se crie maior valor, os ciclos de valor deviam ser accionados pela procura, pois permitir que os clientes controlem os recursos garante que estes são apenas utilizados quando são procurados, minimizando o excesso de *stock*, de inventários e o desperdício dos bens finais.

A Walmart, a Nike e mesmo a Interface ainda não criaram verdadeiros ciclos de valor. Os seus ciclos de valor seguem uma rotação inversa, da oferta para a procura, e não o contrário. Então, quem sincronizou o ciclo de valor correctamente, deixando que a procura influenciasse a produção?

Aqui entra a Lego, a revolucionária mais improvável. Há cinco anos, a Lego estava à beira da falência e sofria uma profunda queda estratégica. Actualmente, apresenta lucros *recorde*, a margem operacional cresceu de 5 por cento, em 2005, para quase 25 por cento, nos dias de hoje, enquanto rivais como a Hasbro e a Mattel estão a lutar por subsistir, graças, em grande parte, à cisão com os negócios do passado e ao investimento no futuro. Na fábrica da Lego posso apresentar o meu próprio *design* para um conjunto de peças, e a Lego produz exactamente e apenas as peças de que preciso. A procura alterou o ciclo de valor, em vez de ter sido a direcção a accionar os motores de fabrico.

Por enquanto, a fábrica da Lego não recicla nem renova peças. Recicla ideias. Posso apresentar um *design* que outra pessoa pode reutilizar e partir dele para o recriar. Em vez de começar de raiz e conceber novos conjuntos de Lego, é possível alterar *designs* alheios. A Lego tem ganhos de eficácia instantâneos e reduz os custos de desenvolvimento e de *design* de novos conjuntos. A Lego tem sempre um *stock* renovado de ideias no qual pode basear os seus novos conjuntos. Portanto, a fábrica da Lego é um ciclo de valor em que os recursos *imateriais*, como as ideias e os *designs,* são reutilizados e transformados em recursos *materiais* – peças – mais eficientes, criando valor consistente.

A fábrica da Lego não se limita a minimizar os custos da empresa. Também minimiza os prejuízos dos clientes. A mesma peça é transformada em *designs* que vão ao encontro das preferências individuais de forma mais eficaz. Como obtenho exactamente o conjunto de peças de Lego que quero, menos recursos são desperdiçados. Os clientes não têm de encomendar conjuntos de peças que não querem, só porque têm umas peças de que gostaram, e a Lego não tem de correr o risco de produzir conjuntos de peças que não satisfaçam a procura. Tal como o *design* ponderado da Nike, a fábrica da Lego destrói o *trade-off* da era industrial. Minimiza o desperdício, o esforço e a repetição, *enquanto* maximiza a satisfação e a criatividade. A Lego cria valor consistente no sector dos brinquedos – alcançando vantagem de prejuízo – através de um ciclo de valor que é controlado pela procura, premissa que reformula radicalmente o *design* e a produção de brinquedos.

Para utilizar um ciclo de forma a alcançar uma vantagem de prejuízo verdadeira e mais completa, para maximizar o valor consistente, o ciclo tem de renovar todo o capital que a empresa utiliza ou afecta. Ninguém chegou ainda tão longe, mas algumas das empresas mencionadas neste capítulo podem estar a aproximar-se.

Pense na fábrica da Lego, que faz circular ideias, e não peças. Mas a Lego poderia alargar a sua fábrica a um ciclo de valor mais amplo, no qual se pudesse reciclar e reutilizar ideias *e* peças, dependendo da vantagem do prejuízo que apresentassem. Por exemplo, os clientes podem criar o seu conjunto de peças individual e depois reciclar as peças velhas e obter novas, enviando-as de volta para a fábrica da Lego. O resultado? Um valor ainda mais consistente do que aquele que a Lego já gera actualmente.

A Walmart tem a fama de destruir o capital social nas comunidades onde as suas lojas se inserem. Quando leva o talhante, o farmacêutico e o padeiro locais à falência, uma empresa destrói pontos-chave de interacção local. De que forma poderia renovar esse capital social? Tornando-o parte do ciclo. Podia permitir que utilizassem as suas instalações para actividades da comunidade, como reuniões cívicas e eleições, ou como centros de dia. Ou podia reutilizar o comércio local propriamente dito, dando-lhe um espaço nas instalações da Walmart, revitalizando o comércio tradicional. Em contrapartida, ao proceder desta forma, a Walmart conseguiria novos clientes, novas fontes de receita, melhor informação e relações de maior confiança e mais duradouras com as pessoas. Ideias irrealistas? Pergunte-se se, há uma década, teria pensado que a Walmart estaria a liderar o movimento para a sustentabilidade. Talvez daqui a uma década a Walmart esteja a dar passos maiores na busca de valor ainda mais consistente.

SÍNTESE

No passado, a Walmart construiu o maior negócio do mundo, com ganhos de eficácia operacional pequenos mas constantes. A Nike procurou obter vantagem de custos, limitando-se a fazer *outsourcing* da produção em países em vias de desenvolvimento. Actualmente, tal como a Interface, ambas as empresas começam a entender que a eficácia do século XX não consegue alimentar a vantagem do século XXI. O desafio dos dias de hoje é obter um melhor tipo de vantagem no seu todo: eficiência social que minimize tanto os custos directos como os prejuízos a toda a escala, criando assim valor consistente. Para obter ganhos de eficiência para a geração seguinte, as três – Walmart, Nike e Interface – estão a inovar os fundamentos da produção da era industrial na sua génese: não estão a produzir linearmente, mas em ciclos. Não o fazem por motivos altruístas, mas porque, procedendo deste modo, desvendam percursos absolutamente novos de estratégia, concorrência e, por fim, uma nova fonte de vantagem: vantagem de prejuízo. É simples: renovar recursos para o futuro é mais inteligente do que explorá-los no presente.

Estará a dar o primeiro passo para se tornar um capitalista construtivo? Eis uma rápida lista de verificação.

- Primeiro, um ciclo de valor tem de ser alimentado com bons *inputs*. Está a avaliar os custos a toda a escala – ambientais, sociais e humanos – das matérias-primas e dos *inputs* que usa? Tem alguma ferramenta, como o índice ponderado que avalia se os *inputs* são cíclicos, se podem ser reutilizados, reorganizados, reciclados e reproduzidos? Está a adoptar o cálculo económico mais significativo do século XXI?

- Em segundo lugar, os *inputs* e os *outputs* têm de se movimentar num ciclo – com o menor prejuízo possível. Que nível alcançou na escala da reutilização, reciclagem ou reprodução? Transformou uma linha de produção linear, da era industrial, numa circular? Os seus custos diminuem intensivamente, à medida que os recursos circulam?

- Em terceiro lugar, o tempo e espaço entre a produção, o consumo e a reprodução devem ser encurtados, para aumentar ainda mais a eficiência do ciclo. O seu ciclo ainda abrange distâncias prolongadas que consomem muita energia – qual é a sua extensão? O seu ciclo requer custos de inventário, custos de transporte e capital circulante – quão lento é o seu ciclo?

- Em quarto lugar – o mais importante –, os ciclos de valor têm de mover-se. Quem activa os motores de produção ou de reprodução? De que forma circula o seu ciclo? Avança da oferta para a procura ou recua da procura para a oferta?

TERCEIRO CAPÍTULO

Segundo Passo:

Capacidade de Resposta
DE PROPOSIÇÕES DE VALOR A CONVERSAÇÕES DE VALOR

Criou um ciclo de valor e adquiriu vantagem de prejuízo. O próximo passo para se tornar um capitalista construtivo é dominar a *capacidade de resposta,* melhorando a velocidade, a precisão e a agilidade do ciclo de valor. A capacidade de resposta verifica-se quando se transformam radicalmente propostas de valor de topo e do tipo «pegar ou largar» em conversações de valor profundamente democráticas. Para ilustrar como seria na prática, atentemos numa das empresas que listámos como insurgentes.

★

Quantas decisões por minuto toma o conselho de administração da sua empresa? Exacto. Não por ano, trimestre, mês nem dia, mas por minuto.

Há uma empresa que toma mais decisões – e melhores – do que qualquer outra. É talvez a organização mais inteligente do mundo. Quando a maioria das empresas chega a uma decisão, a Threadless já tomou milhares, sem hesitações nem problemas.

A Threadless é uma *start-up* de vestuário revolucionária em todos os aspectos. Jake Nickell e Jacob DeHart, dois estudantes de Arte, ficaram tão inspirados por um simples concurso de *design* de *t-shirts* que investiram mil dólares em capital inicial e fundaram a Threadless. Qual era a grande ideia dos dois? *Qualquer pessoa* podia fazer *designs* para *t-shirts*, e depois, *qualquer pessoa* podia votar nos seus *designs* preferidos. Os dez *designs* mais votados eram produzidos semanalmente em edições limitadas, e os *designers* recebiam uma percentagem. O resultado é um negócio que se assemelha bastante a um mercado vivo e próspero, controlado directamente pelos clientes.

Se acha que não passa de uma empresa de *t-shirts*, pense melhor. Passo a explicar porque deve prestar prestar atenção ao que a Threadless faz. A abordagem radicalmente nova desta empresa à gestão da produção de *t-shirts* gerou crescimento e rentabilidade numa indústria onde tais factores eram praticamente inexistentes. Os gigantes de outrora, a Gap, a Tommy Hilfiger e a Nautica, passaram a última década a lutar contra um declínio longo, lento e aparentemente irreversível. Se tivesse investido mil dólares na Gap há uma década, restar-lhe-iam agora 700 dólares. Mas se, tal como Jake e Jacob, tivesse investido mil dólares na Threadless, teria construído uma empresa com uma valorização de mais de 100 milhões de dólares, segundo a minha estimativa, e em pleno crescimento, que já apresenta margens de lucro similares às dos líderes do sector e que lhes rouba, devagar mas com segurança, poder de mercado.

A Threadless é a grande campeã global da segunda fonte de vantagem construtiva: a capacidade de resposta. É a empresa mais receptiva do mundo, sem excepções, porque responder à mudança se tornou para a Threadless uma reacção natural. Se, num mês, estiverem na moda *t-shirts* divertidas com gatos, a Threadless fabrica-as imediatamente. Se, no mês seguinte, for a vez de *t-shirts* com ninjas, a Threadless consegue dar resposta. As *t-shirts* com lobos estiveram na berra em 2009 (a sério, basta perguntar ao adolescente mais *in* do seu bairro). A Gap talvez as fabrique depois de já serem moda. Mas a Threadless tem conhecimento disso *antes* de tais *t-shirts* estarem na moda e ajuda a espalhar a tendência.

Tal como os incómodos gigantes do sector do vestuário de outrora, a maioria das empresas arrasta-se penosamente e peca pela sua terrível inércia, porque é necessário muito tempo e esforço para tomar decisões novas e com precisão. A grande maioria não consegue tomar decisões precisas, independentemente do tempo e dos recursos ou megaconsultores que tem à disposição. Tomemos como exemplo a Gap, Inc., para a qual uma década de declínio estratégico redundou numa aparente incapacidade de tomar decisões atempadas e precisas sobre o vestuário que as pessoas querem usar. Os resultados? *Designs* indiferentes arrasados pelos críticos, ignorados por clientes outrora fiéis e preteridos pela juventude de hoje. Talvez não seja surpresa que o preço das acções da Gap tenha caído 50 por cento ao longo da última década, o que se reflectiu na estagnação do crescimento.

Assim como a vantagem de prejuízo deriva da obtenção de maior eficácia no futuro do que os rivais, a capacidade de resposta assenta numa nova premissa económica. Surge da obtenção de maior *agilidade* no futuro do que os rivais.

O capitalismo tradicional preocupava-se com a agilidade operacional. Tendo as mesmas fábricas, mão-de-obra e matérias-primas, conseguimos produzir lâminas em vez de pasta de dentes? Conseguimos produzir processadores de texto em vez de máquinas de escrever? Carros eléctricos em vez de veículos que consomem muita gasolina? Uma máquina que nos permita fabricar qualquer produto no mundo, num abrir e fechar de olhos, maximizaria a nossa agilidade operacional. Actualmente, há mais de quatro mil fornecedores dispostos a negociar uma bagatela consigo na Cidade do Vestuário de Shishi, o maior mercado de têxteis na província chinesa de Fujian. E é só a ponta do icebergue: a Cidade do Vestuário de Hongxiu, a Cidade do Vestuário da China e a cidade-mercado de Huanan situam-se na província vizinha de Guangdong. Se pode comprar qualquer peça de vestuário em qualquer altura? Estamos a falar do epicentro da mera comoditização da agilidade operacional.

A agilidade estratégica prende-se com a diversificação de clientes, de locais e de épocas de venda. Uma máquina que nos permitisse utilizar qualquer modelo de negócio do mundo para vender o nosso produto num ápice maximizaria a nossa agilidade estratégica. Era o que a Gap tentava alcançar quando criou a Banana Republic e a Old Navy: novas formas de comercializar, distribuir e vender vestuário. Os problemas contínuos da Gap apontam para as insuficiências da agilidade estratégica. A rápida entrada e saída dos mercados indica frequentemente uma falta de impacto sustentável e significativo.

A *agilidade administrativa* é uma agilidade datada para o século XXI. Não se trata da capacidade de produzir melhores produtos, serviços e modelos de negócio ou estratégias mais depressa dos que os concorrentes. É a capacidade de tomar melhores *decisões* do que os concorrentes. Tendo os mesmos concorrentes, compradores, fornecedores e clientes, podemos decidir que as subscrições são mais importantes do que as transacções? Podemos decidir que os carros eléctricos são mais valiosos do que veículos que consomem muita gasolina? Podemos decidir que giletes de seis lâminas são mais valiosas do que um novo método de fazer a barba? Podemos decidir que *t-shirts* com cães valem mais do que *t-shirts* com gatos? Com que rapidez, consistência e precisão – se é que isto é possível – podemos fazê-lo?

A mente suplanta o músculo, e a Threadless domina essa prática. Imagine uma máquina que nos permita num ápice tomar qualquer decisão. Ter a possibilidade de tomar uma decisão precisa, independentemente de quão difícil, complexa ou arriscada maximizaria instantaneamente a nossa agilidade administrativa. A Threadless aproxima-se muito desta condição. A Threadless consegue tomar decisões mais precisas do que as dos rivais sobre *o que deve produzir*, porque as constantes votações dos consumidores revelam as suas preferências em tempo real. À medida que essas preferências são reunidas e os votos contabilizados, a Threadless sabe facilmente que produtos são mais rentáveis. Através da participação dos consumidores, os custos do processo de decisão administrativa são reduzidos a quase nada: não há reuniões, não há gestores nem memorandos. Em contrapartida, os custos envolvidos no processo de tomada de novas decisões para quase todas as outras empresas têm uma ordem de grandeza maior do que para a Threadless.

«Decisões melhores e mais rápidas.» Repita depressa esta frase dez vezes, porque é o segredo da Threadless. A Gap, a Tommy Hilfiger e a Nautica estão atarefadas a imitarem-se entre elas, e os empórios de têxteis de Shishi, Hongxiu e Huanan competem para imitá-*las*. Próxima paragem: prateleira das promoções. Num mundo onde qualquer um pode produzir, comercializar e vender quase instantaneamente 10 mil milhões de modelos de calças de ganga, de meias e de *t-shirts*, impõe-se a pergunta: afinal, o que vale a pena produzir? Os rivais lutam, fracassam e imitam-se eternamente, porque para eles tomar decisões é dispendioso, difícil e complexo. Mas, para a Threadless, é fácil tomar decisões que nunca tinham ocorrido à empresa e que os clientes adoram.

Pense em valor consistente: a Threadless concebe *t-shirts* novas e criativas dia após dia, enquanto a Gap produz a custo uma dúzia de *t-shirts* interessantes por *estação*. A capacidade de resposta aumentou exponencialmente a sua capacidade de inovação. Na Threadless, decisões novas e melhores não são tomadas em reuniões de trimestre. Pelo contrário, trata-se sobretudo de um processo contínuo. Segundo Jake Nickell, «recorremos ao processo de votação para decidir o que se devia produzir. Não podíamos fazer tudo, portanto, mais valia fazer só os melhores produtos!» ([1]) A palavra-chave é *melhores*. A Threadless queria encontrar uma forma mais eficaz de escolher as *t-shirts* melhores e mais inovadoras.

Embora o processo pareça complicado e confuso, a Threadless é uma máquina bem oleada e afinada. Através do seu sistema contínuo de votação, os problemas inerentes às decisões tomadas pelas hierarquias superiores são eliminados em grande parte: os *designers* propõem novas *t-shirts*, os clientes acedem ao site, a Threadless contabiliza os votos e acciona a máquina de produção.

Quando uma empresa tem um modelo receptivo de negócio de produtos e de serviços, a inovação estratégica acontece quase automaticamente. Aperfeiçoar uma tacada de golfe demora anos. E se, depois de você ter visto certa vez Tiger Woods dar uma tacada com o taco número nove, a tacada perfeita passasse a ser parte dos seus reflexos naturais, tal como o piscar de olhos?

É esta a diferença entre inovação e capacidade de resposta. A Threadless não é profundamente inovadora porque faz vários estilos de *t-shirts*, mas porque sabe tomar melhores decisões *sobre as t-shirts* que deve produzir.

Se assim é, como pode o leitor alcançar agilidade administrativa e ter capacidade de resposta?

É altura de conhecer as primas, as irmãs e as avós da Threadless. Afinal, a Threadless não passa de um irmão mais novo de uma grande família activa e alargada. Actualmente, empresas radicalmente democráticas estão a repensar de raiz a forma de tomar decisões.

DAS PROPOSIÇÕES DE VALOR ÀS CONVERSAÇÕES DE VALOR

Como se verifica a capacidade de resposta? As empresas do século XX foram estruturadas de acordo com propostas de valor, mas as empresas do século XXI têm por base uma nova premissa: as conversações de valor. As organizações do século XXI não gerem apenas através de monólogos internos ditados para o exterior e provenientes do topo da empresa. Gerem a partir de um diálogo com o exterior ditado por vezes da base da pirâmide hierárquica. Ao democratizar as tomadas de decisão de várias formas, os capitalistas construtivos *conseguem* distribuir recursos com a máxima agilidade.

Os mercados distribuem recursos através do que devia ser uma democracia de accionistas, porém, a democracia de accionistas que o capitalismo da era industrial criou é a espécie mais fraca de democracia. Na verdade, é uma caricatura da autêntica democracia. Cada accionista tem um voto, mas quase nenhum accionista tem uma voz. Por exemplo, os accionistas nos EUA só podem nomear directores se forem detentores de mais de dois por cento das acções em circulação.

A frágil democracia dos accionistas depressa se torna uma autocracia de gestão rígida. Aos mercados sucedem-se as salas de direcção, que também não primam pela democracia. Se as empresas fossem países, diríamos que tinham planeado de forma centralizadora economias ditatoriais. Não é portanto surpresa que as empresas incorporem a mesma inércia, rigidez e tendência para utilizar mal recursos que caracterizam – e em última análise prejudicam – as nações com planeamentos centralizadores do passado num mundo aberto e global como o dos dias de hoje. Como os autores de *Wikinomics* e de *Blur* referem, as direcções empresariais que comandam e controlam têm uma incapacidade de resposta inerente num mundo em que as mudanças acontecem mais rapidamente do que os gestores conseguem actuar. ([2]) Porquê? Porque em organizações de cariz burocrático, os custos de qualquer tomada de decisão são acentuados. Pense na gestão como a conhecemos, o equivalente a uma linha de produção: cada decisão tem de ser tomada de forma linear, numa direcção ascendente ou descendente na cadeia hierárquica.

Em vez disso, os capitalistas construtivos adoptam uma tomada de decisão democrática. Este é o truque. A verdadeira democracia assemelha-se a um país inexplorado. A democracia não é o que se verifica nos mercados de capital nem nos quadros superiores. Nem se resume a votar ou a tomadas de decisão que dependam da tirania da maioria, como pensadores tão díspares como Platão, o cientista político de Harvard Archon Fung e os laureados com o Nobel de Economia Elinor Ostrom e Kenneth Arrow sugeriram. Pelo contrário, a democracia é *participativa, deliberativa, associativa* e *consensual*. São estes os quatro valores no centro das conversações de valor. As organizações do século XXI são democráticas porque a liberdade para participar, a liberdade para deliberar, a liberdade de associação com os pares e a liberdade para protestar permitem que os gestores, os clientes e as comunidades e até os concorrentes discutam o que é *valorizado* e o que é *valor mais consistente*.

A *participação* significa que aqueles que são mais afectados pelas decisões da administração têm o direito de cooperar nelas. A *deliberação* significa que os participantes podem ponderar, não apenas votar, para revelar diferentes perspectivas e valores. A *associação* significa que existem espaços públicos para que a deliberação possa ter lugar. E o *protesto* é o único caminho para um *consenso* verdadeiramente significativo e autêntico. Em conjunto, as quatro liberdades permitem que o processo de decisão se torne radicalmente mais ágil.

PARTICIPAÇÃO

Quem tem oportunidade de participar no processo de decisão de uma empresa? De acordo com os termos do capitalismo ortodoxo, unicamente os accionistas o podem fazer, porque detêm acções. Porém, «acções» é uma palavra com dois significados interligados: o direito *de partilhar uma corrente de lucros* e o *direito de participar nas decisões que afectam os resultados*.

Os inovadores radicais do capitalismo construtivo estão a aprofundar as acções, para que honrem o segundo significado. Estão a descobrir que a capacidade de resposta ocorre com mais êxito quando a direcção dá a mais partes, e não apenas aos accionistas, o direito de participar no processo de tomada de decisão, e esse processo pode ser tão simples como um voto.

Na Threadless, qualquer pessoa pode entrar no *website*, ver várias *t-shirts* e votar com um clique. A minha irmã mais nova demora menos de 10 segundos a votar. Como Jake Nickell afirma, «seria arrogante da nossa parte dizermos apenas que sabemos o que é melhor. A forma adequada de o fazer, no seio de uma comunidade em que todos se respeitam, é encontrar alguma forma de a comunidade se poder unir e tomar decisões. A votação foi uma forma fácil e eficaz de o conseguir». ([3])

É evidente que, para a maioria das empresas da era industrial, atribuir poder à comunidade é o mesmo que retirar poder aos gestores. Daí ser mais fácil para as *start-ups* adquirir capacidade de resposta, porque não existem hierarquias médias de gestores que lutam para manter os seus impérios. Não é, portanto, surpresa que outra *start-up* muito receptiva, a Jelli, prometa revolucionar as emissões radiofónicas. Durante os anos 90 e na primeira década do século XXI, as estações de rádio tornaram-se radioactivas: irrelevantes para os ouvintes, de valor duvidoso para os anunciantes e de valor questionável para os accionistas. Porquê? Vários escândalos de subornos nos últimos anos confirmaram que a música que passa na rádio não é a que os ouvintes querem ouvir, mas a que as editoras querem vender. Foi isso que levou a um equilíbrio de destruição de valor de toda a indústria, destroçada pela falência, reestruturação e consolidação.

Assim sendo, o que aconteceria se o *ouvinte* pudesse controlar a música que a estação de rádio local transmite através do seu telefone? É o que pretende fazer a Jelli, uma *start-up* de San Mateo, na Califórnia. Foi fundada em 2009 por Mike Dougherty e Jateen Parekh, ambos veteranos de *start-ups* (Parekh foi o primeiro recruta entusiasta da Amazon). Segundo Parekh, «a Jelli representa a democracia na rádio e vai confiar as ondas da rádio aos ouvintes». (4)

A Jelli está a criar um mercado para a rádio muito mais construtivo, em que *todos* saem a ganhar: os ouvintes, as editoras e as emissoras. As estações de rádio esgotaram-se, em primeiro lugar, porque descobrir o que os ouvintes queriam ouvir era mais *dispendioso* do que simplesmente aceitar pagamentos de editoras. A Jelli promete revolucionar a rádio democratizando a escolha das músicas a transmitir. Já assinou contratos com estações de rádio desde Boston a Syracuse e a Filadélfia.

Acha que uma faixa é genial ou que não presta? Através do *browser* da Internet, o ouvinte ou qualquer outra pessoa pode votar, em tempo real, no que a estação da rádio local vai passar. Dougherty acha que «a Jelli dá poder aos indivíduos e às comunidades para controlar em tempo real e de forma contínua a programação da emissão tradicional, recorrendo à *web*». (5) Uma estação de rádio emitida pela Jelli adquire agilidade administrativa: consegue tomar melhores decisões mais depressa. Como se fosse uma balança gigante, a Jelli pesa e agrega as preferências musicais de todos e mostra claramente o que os ouvintes querem realmente ouvir. O resultado é a receptividade: as estações de rádio apoiadas pela Jelli conseguem responder sem esforço e com rapidez às mudanças nas preferências dos ouvintes.

Para os anunciantes, esta ideia causa igualmente impacto. A Jelli não se limitou a aumentar o número de ouvintes em mercados em que este valor tinha diminuído, por oferecer melhor música às pessoas, tem também melhores informações acerca do historial de ouvintes e de preferências nos mercados locais. Combina a diversidade informativa da Web com a intimidade da rádio local, permitindo aos anunciantes prepararem melhor os anúncios e dirigirem-nos a públicos específicos.

A Jelli é uma *start-up* minúscula com potencial de grande impacto e a Threadless é uma empresa média que cresce a uma velocidade estonteante. Mas há uma empresa grande a crescer a passo de caracol que se está a redefinir tornando-se participativa. A Walkers, uma empresa que faz parte do grupo de *snacks* da Frito-Lay, um ramo da PepsiCo, produz batatas fritas. Recentemente, decidiu repensar a forma como as decisões sobre as batatas fritas são tomadas. O mercado das batatas fritas tornou-se palco de uma danosa guerra de sabores, em que os fabricantes de batatas fritas, para conseguirem a preferência dos fãs destes produtos, gastam cada vez mais para desenvolver novos sabores, com prazos cada vez mais curtos. O primeiro passo: qualquer pessoa pode dar ideias para novos sabores de batatas fritas, através do *site* da Walkers. As pessoas enviaram 1,2 milhões de novas ideias para sabores. O segundo passo: a Walkers escolheu seis dos sabores com mais potencial para produzir e distribuir em pequenas amostras. As pessoas provaram os novos sabores. O terceiro passo: todos votaram nos sabores de que mais gostavam e que queriam que fossem produzidos em massa.

Alguns dos sabores escolhidos nunca teriam ocorrido à direcção: sabores como peixe e batatas, chocolate e malagueta e esquilo à Cajun, mas em vez de gastar quantias infinitas a fazer testes em grupos direccionados, para ficar a saber quais eram os sabores mais promissores, a Walkers inverteu o processo, permitindo que a *participação determinasse a produção*. O resultado é o surgimento de capacidade de resposta: tal como a Threadless, a Walkers está a inserir conhecimento exterior no centro de tomada de decisões, remodelando a forma como estas são tomadas. O concurso da Walkers não se repetiu, mas suscita uma questão: irá a próxima geração da Walkers assemelhar-se à Threadless, onde a democracia tudo determina, criando novos sabores de batatas fritas que satisfaçam a procura de forma reflexiva, automática e quase sem esforço? Se os benefícios económicos forem tão notórios como foram para a Threadless, a resposta pode surpreender a Walkers e os restantes produtores de *snacks* do planeta.

A participação é o passo mais fácil no caminho da democracia. Na verdade, a única barreira à tomada de decisão de forma participativa é mental. Os mecanismos de voto são, numa era em que se está permanentemente em contacto, demasiado acessíveis para que quase todas as empresas não hesitem em recorrer a eles, e os benefícios são demasiado significativos para serem ignorados.

Apresento a regra geral da participação: *quem for afectado pelas acções da empresa deve ter o direito de participar, dando preferência aos que forem mais afectados.* Só dando aos mais afectados o direito de participar é que a empresa consegue identificar, avaliar e acumular a informação mais fiável, consistente e rápida sobre acções que criam valor mais autêntico.

DELIBERAÇÃO

O que acontece assim que as pessoas têm o direito de participar? Estão a participar em *quê*? A votação é a configuração mais frágil da democracia, construída na forma mais ínfima da conversação, porque limita a voz a um voto. A votação que tem lugar na Threadless e na Walkers é frágil porque se limita a abarcar um determinado conhecimento e informação num único valor. Não revela os *motivos* para as características e atributos preferidos, ajudando as pessoas a determinar perspectivas diversas.

Assim sendo, constrói-se, através da *deliberação*, um tipo mais profundo de democracia: diálogos fundamentados que pormenorizam e debatem os compromissos entre as partes em conflito de interesses. Mais profunda do que a votação, a deliberação é mais rica em informação e conhecimento. Permite, desde logo, aos participantes deslindar e aprofundar os vários raciocínios e perspectivas que levam a votos diferentes.

Vamos começar por aquilo que a deliberação *não é*: as secções de comentários anónimos de jornais, revistas e blogues. Estão repletos do equivalente linguístico ao toca-e-foge. São menos parecidos com um fórum grego do que com um bar do faroeste. Pelo contrário, a deliberação exige moderação e orientação.

Em contrapartida, pense na Starbucks. Como era habitual, a era industrial de gestão fez a Starbucks desviar-se do bom caminho, levando a cadeia a construir demasiadas lojas, a expandir-se em muitos mercados e a diminuir a qualidade do café. Mas os fundamentos do século XXI estão lentamente a corrigir estes erros tremendos. Acima de tudo, entre essas correcções, encontramos uma conversação de valor. No endereço mystarbucksidea.com, lançado em 2008, qualquer pessoa pode participar nas decisões da Starbucks, contribuindo com novas ideias e votando nas ideias dos outros. Neste aspecto, a Starbucks encoraja a discussão, o contexto e a exploração, evitando que haja tiros no escuro, propondo ideias para revisão e moderando a troca de opiniões. Mais profunda do que a mera votação, a deliberação que se verifica no mystarbucksidea.com permite que se partilhem os prós e os contras dessas ideias, que se expliquem e se debatam ao pormenor.

Não se trata de afirmar que a mystarbucksidea.com vai *lançar* a próxima inovação radical da Starbucks. Em vez disso, o que interessa é que *é* a próxima inovação radical da Starbucks: favorece a agilidade administrativa da Starbucks, reduzindo radicalmente o custo de melhores tomadas de decisão empresariais. A mystarbucksidea.com já está a tornar a Starbucks mais receptiva do que as suas concorrentes. Passado apenas um ano, depois de terem sido submetidas mais de setenta mil ideias, a Starbucks decidiu concretizar noventa e quatro delas: uma rolha que cabe na tampa dos copos da Starbucks, um cartão VIP e o café instantâneo VIA, para dar alguns exemplos. A rolha não teve muito êxito, mas o café instantâneo VIA é promissor. A Starbucks está a promovê-lo a nível global e espera ter mais de mil milhões de dólares de lucros nas vendas. O café VIA está prestes a criar uma nova categoria: o café instantâneo *premium*. Trata-se de valor mais consistente, um melhor negócio para todos: os clientes obtêm aquilo que lhes interessa, e a Starbucks, quase *gratuitamente*, recebe uma ideia que vale mil milhões de dólares. (Oh, Starbucks, onde está o vosso plano de opções sobre acções para os inovadores *externos*?)

Contudo, centrar-se no êxito ou no fracasso das ideias propriamente ditas é falhar o objectivo. A verdadeira vantagem da Starbucks passou a ser a capacidade *consistente* de pôr em prática *melhores* ideias com *menor* esforço. Um número ínfimo chegará a ser uma ideia que vale mil milhões de dólares, como o café VIA, muitas serão apostas perdidas, mas através da deliberação das pessoas apaixonadas na defesa e no ataque de cada uma, a Starbucks adquire melhores informações, pode avaliá-las mais depressa, quer falhem *todas* ou não, e se não forem boas ideias, consegue mais facilmente encontrar melhores ideias para as substituir. Como a Starbucks descobriu, a democracia deliberativa é um novo pressuposto das empresas do século XXI, construído para agilizar o processo de tomada de decisão, no qual os clientes podem ajudar a empresa a criar a ideia genial responsável pelos próximos milhões de dólares, porque é o que mais lhes interessa. Isso sim é valor consistente.

ASSOCIAÇÃO

Na corte do rei, dizem-lhe normalmente aquilo que quer ouvir. O mesmo se passa nas salas de direcção e nos pisos de negociação comercial, onde o pensamento de grupo leva a erros atrás de erros. A autêntica democracia exige participação e deliberação, mas também exige espaços públicos, livres e impenetráveis a interesses velados, para que essas conversações possam ocorrer. Os espaços públicos concedem aos participantes a liberdade para deliberar sem temerem retribuições, retaliações, agravamentos nem renúncias, quer seja dos gestores quer de outros participantes. Da mesma forma que a deliberação aprofunda a votação, é nos espaços públicos que a maioria das conversas de deliberação pode ocorrer.

Qual é a organização mais associativa do mundo? Talvez a Wikipedia seja uma das candidatas ao título. A maioria das editoras demora meses a tomar decisões. Porém, tal como a Threadless, a Wikipedia fervilha com novas decisões a cada segundo, todos os dias, e toma decisões melhores mais depressa. A ágil tomada de decisões na Threadless deve-se ao sistema de votação, mas na Wikipedia tem lugar uma deliberação profunda, uma espécie de negociação permanente entre os contribuidores, os editores e os administradores. Nesta empresa, todos os contributos – quer uma simples frase quer uma palavra – são discutidos cuidadosamente até ao mais ínfimo pormenor. Serão informações já conhecidas mais exaustivas? Representam um ponto de vista minimamente imparcial? Acrescentam novo conhecimento, informação ou contexto? Todas estas questões são exploradas e revistas. Todos podem participar na deliberação e deixar o seu contributo.

O que torna tão intensa a deliberação na Wikipedia? A liberdade de associação. Na Wikipedia todos podem ser participantes, editores ou administradores, e todos se podem associar a outro participante, editor ou administrador. O resultado é um espaço público vasto, aberto às conversações intensas, fruto da deliberação. Nenhuma empresa do mundo trabalha nestes moldes. Foi por isso que nenhuma empresa conseguiu criar uma Wikipedia.

A Wikipedia é totalmente transparente: todos os comentários, questões e contribuições eliminadas são gravadas para futura referência e precisão histórica. Qualquer pessoa pode consultar não apenas todas as edições ou entradas da Wikipedia, mas também as discussões e negociações que as geraram. A transparência dá credibilidade e atrai o esforço de voluntários. E, embora haja uma tendência por parte da velha guarda para rejeitar a Wikipedia, argumentando que é um terreno fértil em erros, a *Nature*, talvez a revista científica mais destacada do mundo, concluiu que a precisão da Wikipedia era comparável à da venerável *Enciclopédia Britânica*. (6) A abordagem da Wikipedia pode ser descrita nos seguintes termos: «mantendo um registo público da deliberação, damos-lhe o poder de se associar livremente a nós e a todos os nossos editores e administradores».

Ora, Wikipedia, essa ideia não passa de socialismo digital. A maioria das empresas nunca poderá ser tão transparente e associativa como a Wikipedia, certo? Pense melhor. Vou dar um exemplo do poder do associativismo numa das indústrias menos transparentes do mundo: o sector alimentar.

No site findthefarmer.com, uma iniciativa lançada pela empresa de farinhas Stone-Buhr e inspirada por Michael Pollan, professor de jornalismo e apaixonado crítico gastronómico, as pessoas podem descobrir, saber mais e manter uma ligação com as quintas de família que produziram a farinha que eles usam. O site findthefarmer.com permite que todos descubram a quinta de família onde o trigo que têm no pacote de farinha foi plantado e colhido. Pelo computador, os clientes podem conhecer os agricultores, ler o historial da família e saber há quanto tempo se dedicam à agricultura, descobrir os motivos e o modo como praticam uma agricultura sustentável e ver vídeos sobre o trabalho na quinta. E assim a liberdade de associação ganha vida: a Stone-Buhr está a dar a todos a ferramenta para se associar aos agricultores e encorajá-los activamente a fazê-lo.

A Stone-Buhr tem um longo caminho pela frente até que tudo «compense», como aconteceu com a Wikipedia, que abalou um sector. Passo a explicar porque é que a Stone-Buhr terá êxito. Através do poder de associação, a empresa está a construir um negócio receptivo no sector alimentar. É como conhecer o agricultor local. A Stone-Buhr está efectivamente a dizer: não temos nada a esconder e só temos a ganhar se as pessoas se associarem aos agricultores, pois podem ficar a saber como a nossa cadeia é limpa, direccionada para a família e ecológica. Se houver algum defeito, ajude-nos a descobri-lo e a resolvê-lo. É a atitude oposta à das cadeias sigilosas de fornecimento da Big Food. Neste caso, não é possível votar deliberadamente nem associar-se aos agricultores e produtores de alimentos, porque a Big Food está menos interessada na capacidade de resposta do que na imposição do *marketing*. É um exemplo de valor reduzido. Ao invés, a Stone-Buhr está a construir uma empresa para o século XXI: quanto mais os seus clientes e agricultores se associarem, melhores informações terá para tomar decisões mais precisas, tendo em vista a criação de valor para ambas as partes, e obterá incentivos mais fortes para prosseguir a sua política limpa e ecológica. Isso sim é valor consistente.

O princípio é o mais importante. Os *websites* findthefarmer.com, Wikipedia e mystarbucksidea.com devem manter-se sobretudo como espaços públicos sem censura, exceptuando na linguagem, e alheios à aprovação administrativa, para que a associação e a deliberação se verifiquem. Imagine uma economia movida por organizações em que todos os accionistas se associassem, deliberassem e participassem em espaços públicos. É nesse tipo de democracia profunda que as empresas do século XXI, e talvez até as economias, se estão a basear.

PROTESTO

O quarto pilar da democracia é o direito ao protesto, que garanta em termos significativos o poder de proibir características, atributos, produtos ou serviços e empresas. Sim, poder de veto: o poder de vetar características, atributos, produtos, serviços e empresas.

Vetar não é apenas «não comprar» um produto ou um serviço. É *impedir* que um produto ou serviço seja fabricado: vetando as *decisões* que sustentam o produto ou o serviço, para que os recursos não sejam desperdiçados mas sejam, em vez disso, distribuídos para usos mais produtivos, criando dessa forma valor mais consistente. É a característica das conversações mais intensas. Muitas organizações apreciam cada vez mais a ideia de participação e deliberação, mas ainda poucas se aventuraram na *terra incógnita* do protesto.

No entanto, o veto é a forma de a democracia produzir os ganhos económicos mais significativos. Poucas democracias concedem a *todos* os participantes o poder de veto, porém, suspeito de que o poder de veto deve ser tratado com mais eficácia do que a que se verifica na economia actual. Veja como o veto funciona actualmente. Os clientes votam com as suas carteiras. Ao ver o crescimento abrandar, os investidores vendem a descoberto as acções das empresas para demonstrar o descontentamento com a gestão, destruindo o valor dos accionistas. Contar com o mercado para protestar significa que os custos do veto começam nas centenas de milhões e continuam a subir. Há uma forma melhor: conceder às coligações de participantes o poder de vetar «com moderação» as escolhas da gestão, dizer não a bens que pensam que criam pouco valor para os seus interesses. Este tipo de mecanismo é hipereficaz em termos económicos: reduz o custo do veto de centenas de milhões para meras centenas.

O protesto parece a mais radical das quatro liberdades. Haverá alguma empresa hoje em dia que dê aos participantes o direito de protestar, bloquear a produção, o *marketing* ou a venda de bens e serviços? Na verdade, estão por toda a parte. A Threadless, evidentemente, dá o direito às pessoas de simplesmente protestarem e votarem pelo não.

Passo a citar um exemplo mais elucidativo. Geralmente, os compradores dos países poderosos e desenvolvidos optam por fornecedores de países pobres, em vias de desenvolvimento, para negociarem aquilo de que mais precisam: casas, estradas e uniformes novos. O comércio justo gera espaço para um prémio negociado entre os retalhistas poderosos, como a Starbucks, e os produtores relativamente pobres, como os produtores de café. Os produtores decidem democraticamente o que fazer com os fundos gerados pelos produtos *premium*. Por exemplo, podem decidir investir em melhores escolas, estradas, hospitais ou equipamento capital detido por todos. No comércio justo, o partido mais fraco tem o direito de protestar. Por exemplo, os produtores de café agem como uma coligação com poderes democráticos e protestam contra os investimentos que não os beneficiam. Os fornecedores paupérrimos podem dizer: «Não construam uma estrada nem casas para nós. Vamos usar os lucros para construir uma escola, porque precisamos de mais uma.» Através do protesto, exercem controlo de gestão sobre os seus próprios destinos e, consequentemente, sobre os destinos dos retalhistas mais poderosos, como a Starbucks. O comércio justo permite aos produtores vetarem decisões de gestão empresarial do passado, frequentemente pouco éticas, que os oprimiam em vez de os beneficiarem.

Mas o exemplo mais poderoso de protesto vem do inovador menos provável. O ciclo de valor da Walmart assenta em catorze redes que gerem várias facetas de sustentabilidade. Essas redes são compostas por estudiosos, centros de ideias, ONG e vários accionistas. As decisões que a rede toma acerca das medidas, dos padrões e dos objectivos de sustentabilidade não dependem exclusivamente da Walmart: são tomadas em colaboração *com* os intervenientes que têm o poder de efectivamente vetar as próprias escolhas da Walmart. Como já referi, para pescar de forma sustentável, a Walmart incluiu o Conselho de Protecção Marinha na sua rede de produtos de marisco. É este organismo, e não a Walmart, que define as medidas e os padrões para determinadas categorias de pescarias feitas de forma sustentável. Detém poder de veto em relação ao próprio colosso de Bentonville, o poder de bloquear valor reduzido e de implementar valor consistente.

Quem iria pensar que a empresa mais poderosa e mais temida do mundo estaria a cimentar uma organização para o século XXI que concede aos activistas ambientais o poder de dizer não? Mas a Walmart reconhece que o poder do protesto é poderoso porque explora as fronteiras do processo de tomada de decisão e obriga a organização a tomar novas decisões que criem verdadeiro valor para todos. Ao conceder às pessoas o poder de dizer não, o protesto permite-nos reconsiderar e tornar mais abragentes as nossas decisões. Ao conceder aos produtores o direito de recusar, o comércio justo obriga os distribuidores e os retalhistas a tomar as decisões de investimento mais benéficas no longo prazo, como construir hospitais em vez de comprar maquinaria pesada.

O veto pode ser um pau de dois bicos. Se o equilíbrio não for conseguido da forma correcta, chega-se a um impasse e à esclerose, como é o caso do Senado dos EUA, onde moções para pôr fim ao diálogo através de votação dispararam nas últimas duas décadas. (7) Porém, tal como os Pais Fundadores criaram o Senado para exercer uma influência moderada, em última análise, um consenso obtido através do diálogo é mais significativo quando o veto restringe. Se ninguém puder protestar numa conversa, o consenso não passa de uma ilusão e a democracia não tem significado. Decidir entre duas más opções não é nada democrático. Por outro lado, vetar uma delas, para assim poder criar melhores opções que depois se apresentem à escolha é a essência da verdadeira democracia. O poder do veto é a libertação de um consenso demasiado difícil e da tirania dos poderosos, dos abastados e da maioria. É isso que torna o consenso poderoso.

SÍNTESE

Contabilistas zelosos, bem-vindos à civilização. O futuro das empresas já não é uma tirania de comando e controlo. É uma democracia cada vez mais aprofundada porque é a democracia que converte organizações lentas em organizações altamente receptivas. Em suma, o diálogo entre as pessoas substitui as proposições acerca do «produto».

Qual é a profundidade da democracia na sua empresa? Eis uma lista de verificação rápida.

- As pessoas, as comunidades e a sociedade podem participar no processo de tomada de decisão? Aqueles que são *mais afectados* pelas suas decisões são encorajados activamente ou até incentivados a ser *os principais participantes*, ou passa-se o contrário?

- A democracia na sua empresa é deliberativa? Os participantes exploram e discutem perspectivas diferentes, talvez até conflituosas, para perceberem os prós e os contras? Modera e controla a expressão dos vários pontos de vista para se precaver de ideias disparatadas? Uma voz é mais do que apenas um voto?

- As pessoas podem associar-se livremente nos espaços públicos que faculta? Serão esses espaços verdadeiramente associativos, locais onde, por exemplo, identidades transparentes ligadas a histórias inspiram confiança e sentimentos de pertença? Está também a associar-se ou é um mero espectador?

- Alguém ou algum grupo que participa nos espaços públicos criados por si tem o poder de dizer não? O poder de veto é moderado ou vinculativo? Até que ponto influencia a sua tomada de decisão?

- Finalmente, *que* decisões toma de forma democrática? São democráticas, por exemplo, as decisões sobre *inputs*, *outputs*, logística, preços e apoio ao cliente? Ou está a dar às pessoas, às comunidades e à sociedade uma voz, apenas para a ignorar?

QUARTO CAPÍTULO

Terceiro Passo:

Resistência
DA ESTRATÉGIA À FILOSOFIA

Já domina as conversações de valor e reage tão depressa como um carro desportivo bem afinado. O próximo passo para se tornar um capitalista construtivo é dominar a *resistência:* usar as conversações e os ciclos de valor para obter uma margem evolutiva. É este o conceito de resistência, algo que se verifica pela criação de uma *filosofia* que sublinhe o princípio primeiro e fundamental da criação de valor, em vez de planear uma estratégia baseada na extracção de valor.

★

Como é que dois cromos fechados num departamento de informática construíram em menos de uma década a marca mais emblemática de todas, a empresa mais poderosa do sector dos meios de comunicação e talvez a abordagem empresarial mais radical do mundo? Eis o segredo da Google: a grande inovação de Larry Page e de Sergey Brin não foi uma tecnologia mais poderosa, mas sim uma evolução mais poderosa.

As «frentes de libertação» do passado eram movimentos formados, diriam os seus fundadores, para libertar as pessoas da opressão política. Hoje, encontram-se em vistosos parques industriais e pretendem libertar as pessoas da opressão estratégico-económica. 1968, apresento-lhe 2009, o ano em que a Google fundou uma equipa chamada – e não estou a brincar – a Frente de Libertação de Dados (DatLib).

O objectivo da Frente de Libertação de Dados é garantir o que os cromos chamam de «portabilidade de dados», a possibilidade de levar os seus dados consigo para onde quer que vá, para onde quiser ir, mesmo que seja para os serviços rivais. Quer transferir o seu texto do Google Docs para o Word? A Frente de Libertação de Dados torna isso não só possível como fácil. Quer transferir o seu novo livro em Word para o Google Docs? Lamento, não tem hipótese. A Frente de Libertação de Dados não existe na Microsoft, porque historicamente, o que muito entristece os reguladores, o objectivo da Microsoft foi trancá-lo no seu sistema e não libertá-lo. Qual é o mal? Todo.

Eis como Brian W. Fitzpatrick, gestor e criador da DataLib, explica o caso:

> Se fecham os utilizadores num sistema, é provável que não se sinta a necessidade de inovar e de melhorar os produtos. O que leva as pessoas a acederem aos nossos serviços para efectuar pesquisas? O facto de terem assinado um contrato de dois anos? Nem pensar! As pessoas continuam a aceder aos nossos serviços porque encontram o que pretendem e porque temos uma equipa de engenheiros cuja única função é melhorar a pesquisa para que seja cada vez mais perfeita.
>
> Pode encarar este método como um modo novo e melhor de sistema fechado: fechado através da inovação. O passado baseava-se em formatos e barreiras, como os programas dos viajantes frequentes: o objectivo era criar uma situação de refém.
>
> Eis uma analogia que explica a forma como encaramos a situação. Digamos que estou numa sala; não estou lá trancado porque as portas e as janelas estão fechadas, mas porque tenho um

lugar muito confortável e um grande plasma à minha frente. Os sistemas fechados acabam por se tornar preguiçosos e complacentes. Numa sala em que as portas estejam fechadas e as janelas seladas, não precisamos de lugares confortáveis e de grandes televisões, na verdade, levamo-los para outra sala e tentamos atrair pessoas.

Não estamos a libertar dados por sermos altruístas. Estamos a fazê-lo porque faz muito sentido a nível comercial e porque leva a um crescimento sustentável a longo prazo. ([1])

O ímpeto da Frente de Libertação de Dados surgiu quando Fitzpatrick ouviu Eric Schmidt, o director executivo da Google, reiterar um princípio importante da empresa: «Não trancamos os nossos utilizadores.» Fitzpatrick apresentou a ideia da Frente de Libertação de Dados a Schmidt, que ficou muito entusiasmado: «Porque não estamos já a pôr isso em prática?» De acordo com Fitzpatrick, passar da filosofia à acção era «o próximo passo lógico e real de acordo com os princípios da Google».

Ouça, todavia, a última lição de Fitz, porque guardou o melhor para o fim: «Ultrapasse-se a si próprio, antes que apareça alguém que o faça por si. Todos dizem que vai aparecer alguém que vai substituir a Google. Achamos que vai ser a Google.»

Essa é a alma de uma organização persistente.

Parece o contrário, mas iniciativas como a Frente de Libertação de Dados são o verdadeiro sangue vital da margem evolutiva da Google. Muito já foi escrito sobre a abordagem experimental da Google: testes A/B rápidos, frequentes e contínuos, em que um produto-padrão é comparado com versões que apresentam ligeiras diferenças, para que se possa descobrir o «melhor» produto ou serviço. Mas as iniciativas como a DataLib vão mais além: redundam numa pressão evolucionária que permite, antes de mais, que a Google *continue* a experimentar.

Passo a explicar recorrendo a uma analogia. É muito raro que um país que adopte o proteccionismo consiga desenvolver indústrias e sectores que sejam competitivos a nível global. As suas empresas, sectores e indústrias nunca se deparam com iniciativas suficientemente poderosas porque a concorrência é abafada. Depois, para garantirem o comércio livre, as nações gastam horas intermináveis com diplomacia, a elaborar tratados de comércio. Embora a economia global seja feita nestes moldes, não gerimos as empresas dessa forma e, no entanto, tal como no caso das nações, as empresas que se dedicam ao proteccionismo nunca vão conseguir que os produtos evoluam, que os serviços e os negócios sejam verdadeiramente melhores, porque os incentivos para manter a vantagem esgotam-se.

Então, a DataLib é o equivalente a um tratado de comércio internacional. Com efeito, afirma: «Concordamos com o comércio livre, podem levar os vossos produtos para onde quiserem, quando quiserem.» E como qualquer tratado comercial internacional, é um amplificador de pressão evolucionária. É uma das peças que permite à Google evoluir, pois estabelece incentivos para que continue sempre a oferecer os melhores serviços. Como existe outro programa similar, o leitor, o utilizador, tem o poder de dizer: «Atenção, isto é um fracasso absoluto. Vou transferir os meus documentos para o Word», e, desta forma, cria pressão para que a Google evolua. Mas se decidir manter o seu livro no Google Docs, é porque deve ser melhor do que o Word na criação de valor consistente. Em contrapartida, uma vez que Microsoft tenta travar de forma injusta esta transição, o leitor tem muito menos poder para contribuir para a evolução de melhores alternativas: se ficar refém da família de formatos doc, propriedade da Microsoft, concebida para não funcionar com formatos concorrentes, estará a alinhar pelo proteccionismo. A pressão evolutiva é travada e o valor reduzido nunca se tornará consistente.

Portanto, o ingrediente secreto da Google não é apenas a sua experimentação tão gabada, mas o *motivo* por que a experimentação acontece: a Google procura sempre uma troca livre e justa. Isso significa que, quando algo não presta e se torna indesejado, quando os utilizadores o rejeitam, está destinado ao fracasso, e é imperativo que surja um novo produto, característica ou atributo que o substitua. Se acelerarmos este processo e o multiplicarmos por mil, obtemos uma experimentação consistente e rápida. O resultado final é a resistência: a capacidade de evoluir de forma consistente na criação de melhores produtos do que os concorrentes, criando assim valor cada vez mais consistente.

A resistência é evolução aplicada e os ingredientes mágicos não são os dados, as hipóteses nem os testes. A *justiça* precede a experimentação na hierarquia da resistência. Tal como o ar é necessário para a vida humana, a troca livre e justa é uma condição necessária para que se crie uma margem evolutiva. Por outro lado, o preço do proteccionismo, o preço de uma vantagem injusta, é nunca conceber produtos que sejam anos-luz superiores; o reverso de lutar pela sobrevivência do que fracassa é nunca dominar a sobrevivência do mais apto.

Pense como a abordagem da Google é diferente, por exemplo, da Big Food. Se um novo produto se vende bem, o primeiro instinto da Big Food é vendê-lo em massa de forma agressiva, aumentando as vendas a médio prazo. Se aparecer uma nova categoria, a Big Food esmaga a distribuição subornando os vendedores. Se surge uma nova espécie de loja, apressa-se a bloquear as boas localizações e a selá-las. São exemplos de restrições ao comércio livre e justo. Como o seu primeiro instinto é proteger o passado, em vez de simplesmente permitir que fracasse, a Big Food tem sido completamente incapaz de desenvolver melhores produtos. Quer acompanhamento de batatas fritas com esse valor reduzido?

Por outras palavras, o foco da Big Food é a extracção de valor: pressionar os agricultores, os clientes e, em última análise, a sociedade, tanto quanto for possível. A resistência é exactamente o contrário: a capacidade de criar continuamente valor mais consistente do que os concorrentes.

Toda a espécie de evolução exige selecção. Os biólogos falam de selecção natural; os sociólogos, de selecção social. A evolução económica exige uma *selecção competitiva*. Os clientes, os compradores e os fornecedores devem ter a oportunidade de escolher livremente e com justiça as firmas e os concorrentes, sem interferências de ninguém. O comércio livre e justo é a base da evolução porque leva à selecção competitiva.

O problema é o seguinte: quando as organizações favorecem extracção de valor em detrimento da criação de valor, como faz a Big Food, a «concorrência» não o faz. Tudo se resume a um jogo a que chamo conflito económico: *limitar* e asfixiar injustamente o comércio livre e justo através de ameaças, intimidações ou pura força. Em muitas, se não na maioria das indústrias, criar um arsenal de jogadas anticompetitivas é um procedimento comum. Na sua luta pela «sobrevivência do que fracassa», os intervenientes que procuram uma vantagem competitiva tradicional tentam limitar a concorrência, encontrando formas de obrigar os concorrentes a desistir. O preço que pagam é nunca apostarem na evolução de produtos, serviços ou negócios *mais* competitivos.

Pelo contrário, as organizações persistentes são mestres na «sobrevivência do mais apto». Têm a capacidade de desenvolver melhores produtos mais depressa do que a concorrência, porque deixam que os maus produtos fracassem. Em vez de protegerem os modelos de negócio, produtos e serviços pouco competitivos do passado, expõem todos os produtos, serviços e negócios ao comércio mais livre e mais justo, para compreenderem quais são os *mais* competitivos. São motivados pela selecção competitiva. Ao evoluir mais e mais depressa, como a Google, conseguem sobreviver e prosperar nas condições mais inóspitas.

Retomemos o caso da Microsoft. Os seus programas Word e Excel quase não evoluíram ao longo de uma década. O Windows decaiu ao ponto de muitos se terem recusado a fazer a actualização do Vista, um fracasso dispendioso. A estagnação é o verdadeiro preço do proteccionismo da Microsoft, o seu foco na sobrevivência do que fracassa, o resultado de dar mais importância à extracção de valor do que à criação de valor. A Google é a anti-Microsoft: está em constante mudança, transformação e inovação. No passado, era apenas um motor de busca. Actualmente, pode pesquisar o texto completo de quase todos os livros publicados nos últimos cem anos na pesquisa do Google Books, consultar o seu (quase infinito) *e-mail* no

Gmail e fazer o seu trabalho em qualquer lugar com os documentos da Google e as folhas de cálculo. Todos evoluem a uma velocidade estonteante porque a Google não os inclui como pacote no motor de busca, mas obriga-os, através de iniciativas como a Frente de Libertação de Dados, a imporem-se pelo seu próprio mérito. O objectivo? Alcançar a sobrevivência do mais apto *contra* os produtos da Microsoft. Se este processo de evolução continuar, os programas Google Docs e Spreadsheets depressa serão mais competitivos do que os estagnados Word e Excel, e a Google irá mais uma vez tornar a concorrência irrelevante.

As organizações persistentes criam valor mais consistente porque concebem produtos mais avançados e que se tornaram bastante superiores. Os sinais vitais da evolução são a experimentação rápida, consistente e frequente mas o que a alimenta é o comércio livre e justo. Só quando o comércio é voluntário pode uma organização saber se o produto, o serviço ou o negócio está a criar valor reduzido e sentir a fúria do ímpeto evolucionário. Só quando se permite a competição com os rivais e quando as pessoas tiverem a liberdade de escolher que empresas preferem é que uma organização adquire capacidade para evoluir e continuar a conceber produtos mais avançados de valor bastante consistente, obtendo uma margem evolutiva.

DA ESTRATÉGIA À FILOSOFIA

Qual é a melhor forma de tornar a competição irrelevante? É uma questão que tem deixado obcecadas várias gerações de delineadores de estratégias, peritos e gurus. Serão novos modelos de negócio, novos espaços de mercado, jogos duros ou melhor conhecimento? A resposta é: nenhum destes aspectos. Mas sim a sucinta frase de Brian Fitzpatrick sobre a grande percepção da Google: «Ultrapasse-se a si próprio antes que alguém o faça.»

Chamemos-lhe o princípio da resistência: *ultrapasse-se a si próprio em vez de se proteger.* Se o fizer, talvez adquira o poder de desenvolver valor mais consistente mais depressa, tornando, em comparação, frágil e insignificante a concorrência, que ainda continua a proteger o antigo valor reduzido. A Google orgulha-se de ter um historial invejável nesta prática: é a organização mais darwinista do mundo, capaz de evoluir mais depressa e de forma mais consistente do que qualquer outra, uma empresa que aguçou a margem evolutiva da resistência. Ora o que dá à Google a capacidade de se ultrapassar e de criar, por exemplo, iniciativas como a DataLib?

Uma inovação institucional radical: uma filosofia. A maioria das empresas tem uma estratégia competitiva, mas poucas têm *filosofias*. A diferença é colossal. As estratégias competitivas dizem-nos: «Eis como vamos convencer as pessoas a comprar os nossos produtos, aconteça o que acontecer.» Uma filosofia diz-nos: «Eis como vamos fazer produtos que as pessoas *querem* comprar, aconteça o que acontecer.» A estratégia competitiva resume-se à guerra à competitividade através da competitividade *propriamente dita:* o seu objectivo é limitar o comércio livre e justo, bloqueando, impedindo e aniquilando os rivais. Mas quando uma empresa tem uma filosofia, as posições de guerra invertem-se. As empresas que têm filosofias já não entram em conflito com a concorrência. Tal como a Google, conseguem dominar uma nova disciplina: ao invés, podem dar início à paz. Procuram um comércio mais livre e justo, em vez de puxarem as cortinas de ferro do proteccionismo e da asfixia.

Uma filosofia implica a descoberta dos «princípios fundadores» e das leis fundamentais que explicam o mundo à nossa volta. O mesmo acontece com as filosofias empresariais. Pretendem descobrir, articular e condensar os primeiros princípios da criação de valor, como o conjunto de princípios empresariais da Google. São leis fundamentais que indicam que *não* vamos meramente impedir os *outros* de criarem valor consistente, mas, em vez disso, que iremos criar, refinar e melhorar o valor consistente. Quando uma organização afirma que não vai bloquear o comércio livre e justo, as portas da evolução abrem-se e o resultado é a resistência.

O primeiro princípio é o seguinte: «não sejas malvado», o famoso lema da Google. Impede que a Google bloqueie simplesmente os outros, libertando o comércio. Em consequência, a Google *tem* de experimentar: este princípio impede que bloqueie anunciantes e clientes, portanto, a Google altera e aperfeiçoa constantemente os seus serviços, apresenta melhores opções e ganha resistência. Eis este mesmo princípio por outras palavras: «É possível fazer dinheiro sem se ser malvado.»

Repita dez vezes: os primeiros princípios forçam o fracasso. São o que permite que uma empresa experimente de modo consistente e com frequência. *Só* quando uma empresa articula a forma como não vai simplesmente bloquear a capacidade das restantes de criar valor consistente, é que o ímpeto do fracasso emerge e a empresa sente a pressão de conceber melhores produtos, serviços e negócios que *realmente* criem valor cada vez mais consistente. Os primeiros princípios, como «não sejas malvado», indicam, na realidade: «Nunca quisemos ameaçá-lo, coagi-lo nem manipulá-lo para usar os nossos serviços. Diga-nos que não prestam, escolhendo um dos nossos concorrentes. Faça-o, por favor, porque essa é a força natural da resistência, o combustível do nosso motor evolucionário.»

Como descobre, articula e vive de acordo com os seus primeiros princípios da criação de valor? Há duas fases na elaboração da filosofia que espelham a forma como os filósofos percepcionavam o mundo que nos rodeia: conhecer e sintetizar.

OBTER CONHECIMENTO

A primeira fase na elaboração de qualquer filosofia é o *conhecimento*. Para as filosofias organizacionais, a primeira fase é conhecer os conflitos: porque não está a criar valor consistente e se limita a impedir que os *outros* o criem por sua vez. Em todas as circunstâncias e sempre que levar a cabo acções que asfixiam e limitam activamente o comércio livre e justo, especialmente como forma de retaliação contra jogadas anticompetitivas de um concorrente, está a dar início à guerra, a metáfora dominante do mundo dos negócios que reflecte grande parte do século XX.

A próxima questão vai ajudá-lo a diagnosticar a sua dependência económica dos conflitos. Quantas destas jogadas anticompetitivas está a fazer? Quantas são a base das vantagens de que depende?

Conluios e cartéis. A forma mais básica de obter uma vantagem injusta é limitar o abastecimento de uma fonte. O exemplo mais estudado é a OPEP, um cartel concebido explicitamente para regular a produção de petróleo. Porque foi o investimento em energia estrangulado durante décadas? Porque, quando os preços do petróleo estão demasiado altos, a OPEP inunda o mercado, fazendo baixar os preços. Quando os preços do petróleo estão demasiado baixos, a OPEP estrangula o mercado, para aumentar os preços. A OPEP lucra sempre que as pessoas e a sociedade estão em má situação. Os mercados não têm capacidade para atribuir preços minimamente precisos à energia e enviam sinais contraditórios que confundem os directores das empresas. Depender de um cartel injusto e do sistema de quotas da OPEP, e aceitar a sua regulação do fornecimento de petróleo, leva a que os produtores de petróleo e as refinarias não façam os investimentos devidos na inovação. O resultado foi um fracasso total na capacidade de a indústria evoluir melhor, de forma mais limpa e recorrendo a fontes de energia mais baratas.

Fixação de preços. Quando os preços são fixados, rouba-se informação aos mercados. Nem os consumidores nem os produtores têm noções claras do valor relativo de vários bens e serviços, uma vez que todos os preços são iguais. Em 2008, um trio de produtores de LCD, incluindo a Sharp e a LG, declarou-se culpado por fixar preços. Propunham aos consumidores mas também a si próprios um negócio desonesto. Ao fixar preços, a Sharp e a LG deixaram de ter capacidade para discernir se os LCD conseguiam estabelecer um valor extra justo, logo à partida. Não é portanto surpresa que tenham tido um mau desempenho no sector dos LCD, e, na verdade, a nível transversal nos mercados. O preço de jogar de forma injusta é, como sempre foi, não vencer honestamente.

Concertação de propostas. Quando as propostas são concertadas, os mercados dividem-se de forma ainda mais espectacular e as trocas voluntárias tornam-se nada mais do que mera extorsão. O mestre foi evidentemente a Enron, que recorreu implicitamente à concertação de propostas. Através de tácticas e estratégias anticompetitivas, como a convenientemente intitulada Death Star (Estrela da Morte), a Enron jogou com o sistema de energia da Califórnia para receber pagamentos por transferir energia e aliviar a congestão na plataforma sem que, na verdade, transferisse energia nem aliviasse qualquer congestão. A Enron não foi capaz de construir uma melhor indústria energética porque estava a extrair lucro através de uma manipulação das imperfeições da indústria do passado.

Pagamentos colaterais. Em muitos sectores, os subornos e os pagamentos colaterais moldam as cadeias de valor. Lembra-se dos dias «não tão dourados» da bolha do dot-com? Na altura, os bancos de investimento tinham a fama de praticar a técnica de *laddering*: ofereciam acções com descontos para futuras ofertas públicas iniciais a clientes preferenciais, que, em troca, concordavam comprar mais, quando fosse aberta a venda ao público, inflacionando o preço das acções. *Laddering* é um pagamento colateral que tem um duplo efeito: na altura, os bancos ofereciam descontos em acções que iam valorizar incrivelmente e os clientes preferidos disponibilizavam-se a fazer mais negócios com os bancos. Não é preciso dizer que quem não fizesse parte do esquema saía a perder.

Da mesma forma, durante anos, as editoras pagaram às rádios para passar determinadas músicas, aprenderam a viciar as tabelas e a criar popularidade artificial para a sua música, porque a música mais popular seria aquela em que as distribuidoras optassem por arriscar. Em consequência, os consumidores desinteressaram-se de um cenário musical incrivelmente homogéneo, dissociado daquilo que queriam realmente ouvir.

Contudo, os pagamentos colaterais não se limitam aos bancos de investimento e à rádio. Os representantes farmacêuticos são famosos por darem brindes aos médicos: desde canetas grátis a férias pagas; essencialmente, pagamentos colaterais para os médicos terem incentivos para prescrever mais medicamentos de determinado laboratório. É uma forma de ter «controlo de canal», porque os médicos são o canal que permite que os medicamentos sejam distribuídos. O resultado é uma diluição de incentivos para se criarem melhores medicamentos e uma ameaça ao próprio Juramento de Hipócrates.

Agrupar e fidelizar. Nos anos 80, eram duas. Nos anos 90, quatro. Actualmente, já são seis e continuam a aumentar. Porque continuam os intervenientes dos bens de consumo em massa a acrescentar mais lâminas às giletes em vez de encontrarem uma forma melhor de se fazer a barba? Porque, como todos os aspirantes a mestre do universo sabem, as margens mais gordas conseguem-se juntando lâminas às giletes e depois tornando essas lâminas cada vez mais complicadas e, assim, cada vez mais caras. Qual é o resultado a longo prazo? Uma competição para ver quem tem mais lâminas. Quando os meus filhos tiverem idade para fazer a barba, as giletes vão parecer raladores de queijo. O que não vamos ter? Uma gilete significativamente melhor ou uma experiência de barbear mais eficaz. Não passa de outro exemplo ortodoxo de poder dos concorrentes para limitar e reprimir a evolução e a inovação.

Negociação exclusiva e recusa em negociar. Em muitos sectores, os intervenientes assinam acordos de não competição. Entre dois intervenientes, um deles permite que o outro distribua os seus bens se este se recusar a distribuir os bens de um rival do primeiro. Um deles autoriza o outro a vender *widgets do primeiro*, se o segundo se recusar a vender *widgets* da concorrência. Permite-se que uma empresa produza bens que a outra compra, se a primeira aceitar não produzir bens para mais ninguém. E assim em diante. Esta situação nunca foi mais evidente do que na indústria dos acessórios. Os «orquestradores» de marca orquestram a produção de vestuário através do *marketing*, da distribuição e, por vezes, da venda de vestuário, mas raramente a produzem ou ultimam. A Tommy Hilfiger e a Sun Apparel confiam em fornecedores cativos, fornecedores que dependem do mero volume de encomendas que os orquestradores oferecem.

Emaranhados. Nalguns sectores, os intervenientes acumulam bens que não vão usar, para impedir deliberadamente o acesso da concorrência. No sector da biotecnologia e na área dos cuidados de saúde, os intervenientes constroem emaranhados de patentes relacionados com os novos diagnósticos e terapêuticas. Esta prática resultou numa explosão dos custos de transacção, transversal a todo o sector, porque cada interveniente tinha de negociar com inúmeros outros para inserir os produtos no mercado. Assim, a biotecnologia nunca cumpriu a sua promessa de revolucionar os cuidados de saúde nem o bem-estar do ser humano.

Divisão. Nalguns sectores, os territórios ou os mercados estão implicitamente divididos, o acordo tácito faz-se nos seguintes moldes: «eu monopolizo isto e tu monopolizas aquilo». Durante os anos tumultuosos da explosão das dot-com, por exemplo, a Microsoft fez uma proposta arrojada aos criadores do Navigator, o motor de pesquisa inovador que na altura dominava o mercado em crescimento. Em troca de a Netscape desistir de fabricar a versão do Windows 95 do Navigator, a Microsoft ofereceria um pagamento monetário generoso. A Microsoft iria também implicitamente deixar de produzir motores de busca para *outros* sistemas operativos. A Microsoft estava a propor à Netscape uma divisão de território do mercado dos motores de pesquisa: «eu monopolizo este sistema operativo e tu monopolizas aquele». Se a Netscape tivesse concordado, a Internet seria provavelmente um espaço diferente, hoje em dia, preso a conflitos, estagnação e descentralização.

SINTETIZAR PARA ESTABELECER PRIMEIROS PRINCÍPIOS

A segunda fase para a criação de uma filosofia é sintetizar o conhecimento para elaborar os primeiros princípios. Passa-se o mesmo com a filosofia organizacional. Os primeiros princípios constroem-se através da sintetização do conhecimento acerca dos tipos específicos de conflito que limitam e impedem o fracasso.

Os primeiros princípios especificam como *vamos* criar valor consistente em vez de nos limitarmos a impedir que os *outros* criem valor. Identificam circunstâncias específicas em que não levamos a cabo práticas anticompetitivas de conflito, que nos parecem quotidianas nas negociações do nosso sector, e, *em vez disso*, indicam-nos como devemos procurar um comércio livre e justo. Um princípio pode indicar: «Não vamos vender lâminas para giletes específicas. Vamos fabricar lâminas que se possam trocar.» Ou pode indicar: «Não vamos construir emaranhados de patentes dispendiosas apenas para abrandar o ritmo das inovações da concorrência. Em vez disso, vamos licenciar patentes livres.» Ou talvez indique: «Não vamos assinar acordos de exclusividade com as distribuidoras. Vamos antes procurar um campo de intervenção equilibrado para os nossos produtos.» Finalmente, os primeiros princípios expressam a forma como vamos expor produtos ao comércio livre e justo que, durante esse processo, fracassam, evoluem e se tornam resistentes.

Os princípios são compromissos económicos que não estamos dispostos a fazer. A maioria das empresas está obcecada com a «monetização» e com modelos de negócio: o que podemos vender e com que rapidez o conseguimos fazer? Pelo contrário, os princípios indicam-nos o que fazer com aquilo que *não vamos* vender. Não são vagas afirmações de intenção que constam das declarações de missão ou de valores que as empresas esperam concretizar nalgum futuro utópico. Ao invés, especificam acções que as empresas não vão levar a cabo, aconteça o que acontecer, pois acabam com a resistência.

A Google é uma empresa que se rege por princípios. Apresenta o seguinte conjunto de princípios empresariais, agora famoso.

1. Centra-te no utilizador e tudo o resto vem por acréscimo.
2. É melhor fazer uma coisa muito bem feita.
3. Depressa é melhor do que devagar.

4. A democracia na Web funciona.
5. Não tem de estar à secretária para precisar de uma resposta.
6. É possível lucrar sem agir mal.
7. Há sempre mais informação algures.
8. A necessidade de informação atravessa todas as fronteiras.
9. É possível ter um ar sério sem vestir um fato.
10. Óptimo não é suficientemente bom.

Os princípios são apenas a ponta de um icebergue muito vasto. A Google *também* tem princípios de *marketing*... e de *software*... e de *design*. Em conjunto, todos eles são os «primeiros princípios para a criação de valor» da Google, que estão inseridos na sua filosofia mais abrangente. Todos indicam como a Google vai criar valor através do comércio livre e justo, em vez de simplesmente bloquear os rivais injustamente. Foram estes princípios que permitiram – aliás, forçaram – à Google criar um negócio que falha, evolui e que se torna resistente.

Vamos recorrer a alguns dos princípios da Google para ilustrar a situação inversa: perguntar-nos de que forma o sector da música e o da alimentação se podiam ter desenvolvido melhor, se *tivessem escolhido* os princípios da Google.

Há sempre mais informação algures. Qual é o objectivo deste princípio da Google? Evitar que a Google negoceie de forma exclusiva. A Google raramente faz, se é que alguma vez fez, acordos de exclusividade com anunciantes ou editores. Pense na história da Internet: no final dos anos 90 e no início do século XXI, os concorrentes assinaram acordos de exclusividade de partilha de receitas para bloquear a concorrência. Na maioria dos casos, o nome da jogada era integração vertical: a AOL reuniu formas de acesso e de pesquisa com o conteúdo da Time Warner. A Excite associou-se à @Home para fidelizar o seu conteúdo aos canais banda larga desta empresa. Qual era o objectivo? Em ambos os casos, criar um jardim murado. Em vez de deixarem que o mercado optasse pelos conteúdos de melhor qualidade, com os menores custos de distribuição, os intervenientes esforçaram-se por bloquear a concorrência e limitar a escolha do consumidor. Mas como não tinha qualquer exclusividade para proteger, a Google procurou, em vez disso, indexar toda a informação que conseguisse, e não apenas aglomerar a informação de que dispunha. Assim, a Google acabou por fornecer às pessoas a *melhor* informação e por lhes apresentar jardins murados que apenas as conduzem a informação e a conteúdos *exclusivos*. Actualmente, o princípio «Há sempre mais informação algures» resultou na explosão da variedade de produto: a Google suplantou as suas rivais ao desenvolver pesquisa de livros, académica e de vídeos. O princípio impediu a empresa de fazer negócios exclusivos e permitiu que evoluísse e que indexasse muito mais informação do que as suas rivais.

O que podia ter acontecido, então, se a indústria musical tivesse operado de acordo com o princípio «Há sempre mais música algures»? Tal como no caso da Google, os negócios exclusivos na área da música passariam à história. As editoras ter-se-iam focado na qualidade e na escolha, e teria surgido uma indústria musical radicalmente mais construtiva. As editoras não teriam desperdiçado o seu tempo a negociar a exclusividade dos direitos de distribuição digital e provavelmente não teriam processado constantemente os seus próprios clientes. Teriam começado por contratar e desenvolver melhores artistas, experimentar constantemente novos géneros, formas e métodos de distribuição. Alcançariam um valor cada vez mais consistente.

O que teria acontecido se as lojas de produtos alimentares tivessem um princípio semelhante? Em vez de criarem zonas mortas para suprimirem injustamente a concorrência, os retalhistas teriam procurado as melhores fontes de alimentos, as melhores receitas, os ingredientes mais frescos e os *chefs* mais talentosos pelo mundo inteiro. Estariam concentrados em fornecer ao mercado alimentos que os rivais não conseguissem equiparar. «Há sempre mais comida algures», e a nossa função é fornecer-lhe a melhor e mais saudável. Valor consistente e contagiante.

A democracia na Web funciona. Qual é o objectivo deste princípio da Google? Concorrentes como a Ask.com e a Excite construíram os seus negócios cedendo aos anunciantes o controlo dos resultados das pesquisas mais importantes, uma forma implícita de fixação de preços. Paga uma quantia fixa; nós damos-lhe os resultados da pesquisa. O custo, evidentemente, foi o facto de a relevância para os utilizadores finais ter decaído. Nos motores de busca da concorrência, a escolha e a variedade eram limitadas pelos pagamentos para obter resultados. Os princípios da Google forçaram a empresa a competir e a nunca comprometer a qualidade dos seus resultados de pesquisa. «A democracia na Web funciona» implica também que «pagar para obter resultados de pesquisa não funciona». Em consequência, o motor de pesquisa da Google teve de primar pela máxima relevância para o utilizador em vez de ser pago pelo anunciante e, portanto, menos relevante.

O que teria acontecido nas editoras de música e no sector da produção alimentar se as empresas se regessem pelo princípio de que a democracia funciona? Nenhum dos sectores teria construído redes elaboradas de pagamentos colaterais aos retalhistas em troca de armazenamento dos seus produtos. Teriam dito: «deixem que os consumidores votem com as suas carteiras, porque a democracia funciona». Em vez de tentarem limitar a concorrência, teriam sido obrigados a produzir alimentos e música muito melhores, de tal forma que os retalhistas *quereriam* ter esses produtos. Guiando-se pelo princípio de que a democracia funciona, os intervenientes nos sectores da música e da alimentação teriam explorado a disponibilidade voluntária da troca, em vez de distorcerem as escolhas do consumidor limitando o acesso aos retalhistas. Com este procedimento, teriam sido, desde logo, mais capazes de descobrir música e produtos alimentares bastante melhores. Teriam negócios mais duradouros assentes em valor mais consistente.

Depressa é melhor do que devagar. Este é talvez o princípio mais revolucionário da Google. Tal como o *website* da Google anuncia: «A Google deve ser a única empresa do mundo cujo objectivo concreto é que os utilizadores saiam do seu *website* o mais depressa possível.» Não acha esta ideia revolucionária? A Yahoo!, pelo contrário, atulhou a pesquisa com horóscopos, música, mexericos e notícias. O objectivo é prolongar as visitas o máximo possível, mesmo que isso não beneficie os utilizadores, para controlar o mercado publicitário, limitando a variedade de locais em que os anúncios surgem. Porém, *sem* obrigar as pessoas a ficarem pelo *site*, a Google sempre fez por oferecer os melhores serviços. As pessoas aderiram em massa aos melhores serviços de *e-mail*, de pesquisa e de vídeo da Google, e quanto mais pessoas optavam voluntariamente pelos serviços da Google, mais dados a Google tinha sobre o tipo de informação que as pessoas realmente queriam. Os resultados? A relevância da publicidade da Google disparou de três para cinco vezes superior à da Yahoo!, impulsionando a ascendência da Google e a queda da Yahoo!

«Depressa é melhor do que devagar» significa «Não vamos impingir-lhe coisas. Garantiremos sempre que obtém mais por menos.» O que teria acontecido se a indústria musical e o sector alimentar tivessem seguido este princípio? No sector alimentar, um princípio semelhante indicaria: «Somos a única empresa do sector alimentar que quer que coma o mínimo possível.» O resultado natural seriam alimentos mais frescos, saborosos e saudáveis e com mais nutrientes em troca do mesmo preço em vez de uns «Estados Unidos da Obesidade» e de produtores com uma maior margem por unidade. Por outras palavras, alimentos cheios de valor consistente.

Na música, teria havido um princípio semelhante: «Somos a única editora discográfica no mundo que quer que compre o mínimo possível de discos.» As editoras produziriam música de maior qualidade e de preço mais elevado, com o intuito de perdurar, e não as megaestrelas descartáveis que são o resultado das guerras de *marketing* que minaram a última gota de vitalidade e de rentabilidade do sector. A música não iria depender tanto das superestrelas, de grandes orçamentos de *marketing* nem de acordos avultados e seria mais artística e criativa, ou seja, musical, já para não dizer rentável.

Isso sim causa grande impacto: apenas um dos princípios da Google pode levar a resultados revolucionários para estes dois sectores problemáticos. Se as empresas destas áreas soubessem prosperar sem conflitos económicos, ambos os sectores criariam valor resistente *a* tais conflitos. Todos os princípios da Google, quer os novos quer os já conhecidos, centram intensamente esta empresa na redefinição das barreiras à competição: permitem à Google transpor as fronteiras da concorrência da era industrial, tornando-se resistente a ela. Enquanto as empresas do século XX travam uma guerra constante, a Google apregoa sem cessar a paz.

Não há empresas perfeitas. O aspecto a destacar não é o facto de os princípios da Google a levarem sempre e irrevogavelmente a uma troca absoluta e livre. A questão é que a Google faz muito *mais* do que os seus rivais. Os negócios da era industrial evoluíram devagar, penosamente e, muitas vezes, nem sequer evoluíram, porque a maior parte das empresas acomodadas luta com unhas e dentes para bloquear a selecção concorrencial de produtos ultrapassados. Ao invés, a Google luta por não proteger de forma injusta os seus serviços e negócios *da* selecção competitiva, chegando ao ponto de ter criado uma Frente de Libertação de Dados. A actividade que leva a cabo nunca é perfeita, debate-se frequentemente com muitos obstáculos e, por vezes, nem se cumpre (veja as dificuldade que a Google está a ter para aplicar os seus princípios na China). Contudo, a importância de uma troca livre e justa, a resultante pressão evolucionária e o valor mais consistente que se gera tornam a Google radicalmente diferente dos monopolizadores que a antecederam e que a rodeiam.

Portanto, a grande inovação da Google não foi a tecnologia mais poderosa, mas a evolução mais poderosa. Vale a pena repetir. O seu poder evolucionário, a furiosa e famosa experimentação da Google, tem uma causa mais profunda. O comércio livre e justo é uma condição necessária para o êxito e para que haja um impulso inicial que permita que o processo *resulte*. Sem apregoar a paz, a Google nunca poderia ter a certeza de que as suas experiências geram resultados válidos, precisos e imparciais e nunca sentiria a pressão que advém da sua experimentação frenética. Porque foi a *primeira* a apregoar a paz, a Google conseguiu desenvolver serviços com um valor cada vez mais consistente.

SÍNTESE

O futuro da vantagem é justo, não é injusto. Em vez de protegerem os modelos de negócio, os produtos ou serviços do passado por meio de estratégias e tácticas cada vez mais injustas, as empresas resistentes expõem-se ao comércio mais livre e justo para poderem evoluir, o que gera valor consistente. Sabem que o preço de implementar tácticas injustas e anticompetitivas é não conceber produtos que são anos-luz superiores, portanto, escolhem consistentemente a justiça em detrimento da força, a filosofia em detrimento da estratégia.

Até que ponto o valor que consegue gerar é consistente? Quão resistente é a sua organização? Quão poderosa é a sua filosofia? Proponho uma rápida lista de verificação.

- Não há praticamente sectores imunes a conflito. Entende como, quando e onde surgem os conflitos no seu sector, tanto sistemática como cronicamente? Que tácticas anticompetitivas são práticas comuns nos negócios e talvez até modelos mentais?

- Já elaborou primeiros princípios que o impeçam de encetar estas tácticas? Apenas um ou dois não chegam: já desarmou a maioria do arsenal ou fez apenas uma tentativa com pouca convicção?

- Esses primeiros princípios especificam precisa e sucintamente como *você*, tal como a Google, vai gerar valor e procurar a sobrevivência do mais forte, em vez de se limitar meramente a impedir os outros de criarem valor, procurando a sobrevivência do maior desistente?

- Os princípios da Google constituem uma filosofia que lhe permite fracassar de forma mais barata, mais dura e mais rápida. Os seus princípios conferem-lhe poderes para falhar consistente e frequentemente, e sem muitos custos? Obrigam-no a evoluir rumo ao futuro, em vez de protegerem o passado?

- A filosofia da Google é a sua fonte duradoura de criação de valor. É aquilo em que acredita, que defende, por que vive e respira. Os seus princípios constituem uma filosofia coerente que se reforça a si mesma e que é a sua fonte duradoura de criação de valor?

QUINTO CAPÍTULO

Quarto Passo:

Criatividade
DE PROTEGER UM MERCADO A CONCRETIZAR UM MERCADO

Agora que elaborou uma filosofia, tornou-se resistente como aço. O próximo passo para se tornar um capitalista construtivo é dominar a *criatividade:* recorrer a conversações e ciclos de valor e a filosofias para alcançar aquilo que é economicamente impossível. Em vez de se limitar a proteger os mercados da concorrência, a criatividade manifesta-se quando os completamos em prol das pessoas, das comunidades e da sociedade.

Eis como os inovadores, de Silicon Valley ao Sul da Ásia, estão a proceder nesse sentido.

★

Crédito para os mais pobres do mundo, com uma taxa de incumprimento *inferior* à dos ricos? Impossível. Um carro novo que custa menos do que uma bicicleta de montanha comum? Impossível. Carros eléctricos grátis? Impossível. Sabonetes e champôs que tornam os mais pobres mais *ricos*? Decididamente impossível. A experiência completa da Internet, sem quaisquer limitações, no seu telemóvel... Nem pense nisso! Mais do que a experiência completa da Internet no seu telemóvel? Todas estas ideias são completamente impossíveis, certo? Mas é exactamente isto que os capitalistas construtivos têm estado ocupados a reinventar, a recriar e a redefinir, repensando a criatividade para o século XXI.

Na maioria das salas de administração empresarial, a palavra *criativo* refere-se aos caixa-de-óculos alternativos que fazem anúncios impressionantes. As regras do capitalismo da era industrial limitam-nos a pensar em criatividade como uma forma estética ou artística. Porém, a criatividade também é económica. Criar novos cenários económicos é um acto profundamente criativo. Em última análise, a criatividade económica é uma fonte poderosa de superioridade competitiva.

A criatividade – a terceira fonte da vantagem construtiva – é o apogeu da *produtividade* da próxima geração. A produtividade da era industrial define-se de forma simples e fácil: conseguimos produzir mais *outputs* a partir de um dado conjunto de *inputs*? A quantidade – não a qualidade – é a medida. Por exemplo, no sector automóvel, a produtividade é frequentemente avaliada através dos trabalhadores ou horas de trabalho por veículo. O objectivo é tentar produzir mais carros por trabalhador e não melhorar radicalmente cada carro que o trabalhador produz.

É por isso que a produtividade do século XX não é boa parceira para a economia do século XXI. Num mundo extremamente competitivo, as barreiras de acesso desmoronaram-se, os ciclos de vida do produto estão a comprimir-se e as indústrias, os sectores e os segmentos do passado estão atolados e fervilham de rivalidades e, portanto, a capacidade de produzir ainda mais *widgets* do que o rival não passa de mais um percurso para a comoditização.

Contudo, muitos estão presos a este cenário. Na maioria das salas de administração, a palavra *criativo* refere-se aos caixa-de-óculos alternativos que fazem anúncios impressionantes. Segundo as regras do capitalismo da era industrial, já deve provavelmente ter sido obrigado a pensar que a criatividade é estética ou artística. No entanto, a critatividade implica muito mais do que isso.

Recuemos no tempo para perceber melhor o cerne da criatividade. Em 1413, Filippo Brunelleschi deslumbrou o mundo e desorientou os artistas rivais quando imitou a vida nos seus quadros e pintou perspectivas a três dimensões numa tela bidimensional. Para as pessoas daquela altura, ele tinha alcançado o impossível. E a essência intemporal da criatividade permanece a mesma do tempo de Brunelleschi: o que importa é alcançar o impossível. A criatividade, na qualidade de fonte de vantagem construtiva, é a capacidade de alcançar o impossível em termos económicos. Tal como os artistas mestres criam o esteticamente impossível, também os mestres da produtividade da próxima geração criam o economicamente impossível.

O capitalismo construtivo está a ultrapassar a produtividade da idade industrial e a gerar uma melhor definição de produtividade: *socioprodutividade*, a capacidade de criar não apenas mais (do antigo) «produto», mas novos cenários económicos «impossíveis»: os mais importantes para as pessoas, comunidades, sociedade e gerações futuras, porque o valor é «impossivelmente» consistente. A socioprodutividade implica ser capaz de criar, de forma consistente, novas indústrias, mercados, categorias e segmentos que os concorrentes consideram «impossíveis», que os deixem atónitos porque passam redondamente ao lado da lógica da era industrial. Esqueça a produção de mais *widgets* copiados do rival: que novos sectores de valor consistente, mercados, categorias e segmentos criou? Para a maioria, a resposta é zero. A maioria das empresas nunca foi capaz de criar *qualquer* segmento novo, categoria ou mercado, nem sequer valor consistente. Porém, os capitalistas construtivos, como a Apple e a Tata, dominam a produtividade da nova geração, até ao seu cúmulo.

A Tata criou um novo mercado impossível de carros *low-cost* com o seu *Nano* revolucionário. O Banco Compartamos criou um novo mercado impossível para os habitantes rurais pobres da América Latina que lhes permite acesso a crédito. A Nintendo revolucionou os jogos de vídeo criando novos mercados impossíveis para as meninas e avós (um mercado «impossível» para a maioria dos executivos do sector tradicional de jogos de vídeo) com a sua inovadora Wii. A Apple revitalizou a comunicação através de telemóveis com o impossível iPhone e criou uma nova indústria impossível de novos acessórios para os telemóveis através do mercado de aplicações para o iPhone.

Do ponto de vista económico, o que significa atingir o impossível? Dominar a socioprodutividade significa aprender a criar mercados e indústrias destinados a todos aqueles que *não* são servidos pelo capitalismo ortodoxo. As organizações do século XX são óptimas na parte incremental: criaram mercados de *alto custo e pequena necessidade,* e também segmentos e indústrias, como os Hummers, as McMansions e o combustível caro. Os revolucionários capitalistas construtivos são, pelo contrário, fantásticos no que é radical. As empresas criativas conseguem criar mercados, segmentos e indústrias de «*extrema necessidade e de custo extremamente baixo*».

Todas as indústrias, mercados e categorias impossíveis têm duas coisas em comum. Não se limitaram a ir ao encontro das necessidades de formas ligeiramente melhores. Satisfizeram necessidades que *nunca* tinham sido satisfeitas ou preencheram essa necessidade como nunca. Não satisfizeram essas necessidades a preços elevados, mas a um nível de equivalência de valor ou a um preço perturbadoramente inferior. A combinação de grande necessidade e de baixo custo, como ilustra a tabela 5-1, determina a impossibilidade económica.

TABELA 5-1
Mercados impossíveis

Maior impossibilidade económica

Diferencial de preço relativo				
	Vantagem de preço		Nano Wii GrameenPhone	iPhone Loja de aplicações da Apple Wii Google Search
	Equivalência de preço			iPhone
	Desvantagem de preço	*Hummer*		
		Atingido	Não atingido	Nunca atingido

Baixa necessidade – Grande necessidade

O *Nano* é de extrema necessidade. Começa a preencher as necessidades escassamente satisfeitas de transporte da população indiana pobre – uma rede semipública de transportes deficiente e heterogénea, formada por dispensiosos carros em segunda mão com elevados custos de manutenção – a um preço extremamente baixo. O iPhone é de extrema necessidade. Jamais tinha existido a capacidade de navegar na Internet inalterada através de um telemóvel, uma necessidade de informação que foi ignorada durante décadas por criadores de telefones fixos ortodoxos, apesar da explosão da utilização da Internet, ao longo da década de 90 e na primeira década do século XXI. E, embora não seja certamente o telemóvel mais barato do mercado, o iPhone custa o mesmo que os *smartphones* mais avançados da RIM, da Nokia e da Motorola. A Wii é de extrema necessidade e tem um preço relativamente baixo: jamais uma consola de jogos de vídeo tinha sido usada para preencher as necessidades crescentes, sem resposta, de obter bem-estar mental e físico nos países desenvolvidos – a Xbox 360 e a Playstation 3 são mais caras e já tinham preenchido em grande medida a necessidade de adrenalina nos jogos dos adolescentes. O que os rivais acham impossível é o duplo golpe de responder a necessidades nunca antes satisfeitas pelo mesmo preço ou por um valor inferior ao da concorrência. Basta perguntar à Ford, à Chrysler, à Sony e à Microsoft, pois ainda não acreditam na amplitude da ameaça dos mestres da socioprodutividade.

Quando uma empresa domina a socioprodutividade – como a Apple, a Tata e a Nintendo que caminham gradualmente nessa direcção – adquire criatividade, a capacidade de criar mercados com extrema necessidade e com preços baixos, onde o valor é mais consistente. De um ponto de vista económico, os mercados de «altos-custos-baixa-necessidade» geram um valor reduzido, porque se preocupam em oferecer benefícios com margens decrescentes àqueles que já são os melhores. Pelo contrário, como veremos, os mercados de «necessidade-extrema-custos-baixos» criam valor consistente, porque quem está *a passar pior* consegue sair-se *o melhor possível*. A GM, com o seu famoso *Hummer*, tão claramente direccionado para os mais abastados que o *slogan* «que comam bolos» lhe assentaria como uma luva, gerou valor durante menos de cinco anos. O *Nano*, da Tata, por outro lado, promete décadas de valor consistente com uma nova categoria de carros ultracompactos, com melhor eficácia de consumo do que os monovolumes e que os mais pobres a nível global podem adquirir.

Os concorrentes ortodoxos, enfeitiçados pelas empresas economicamente criativas, que deram a volta à lógica da era industrial, centram-se frequentemente na imitação de produtos e serviços. Pense na Microsoft, quando imitou o iPod e criou o Zune, ou na Sony que imitou a Wii com um comando de sensores de movimento para a PlayStation 3. No entanto, o que estes intervenientes não conseguiram perceber foi que não é com melhores produtos e serviços que os capitalistas construtivos os estão a abalar, é, sim, pela criatividade. Deviam antes imitar a criatividade económica propriamente dita e usá-la para lançar as sementes das suas novas indústrias, mercados, categorias e segmentos.

A lição a retirar é que a criatividade não é um recurso, mas uma *competência*; em vez de ter uma função especializada, localizada e, muitas vezes, limitada, deve ser uma capacidade inculcada na organização. Por isso, não basta criar uma vasta gama de produtos e de serviços novos e mais aliciantes, nem protegê-los com um arsenal de patentes e marcas registadas é solução. Ao invés, há que ter a capacidade de lutar sempre para chegar a uma definição mais estreita do que é economicamente «impossível».

Se lhe dissesse, há uma década, que o futuro da electrónica não seria criado pela Microsoft, pela Nokia, nem pela Sony, mas pela *Apple,* talvez me respondesse: «Essa é boa! Tem futuro na comédia!» Porém, no curto espaço de tempo de uma década, uma empresa considerada à beira da extinção deu uma reviravolta a nada menos do que quatro sectores: a música, a informática, os telemóveis e as vendas. Hoje em dia, a loja da Apple, na Quinta Avenida, deve ser o local mais lucrativo do mundo.[1] Sendo assim, o que tem Steve Jobs de especial? Não se trata apenas de se ter certificado de que a criatividade estética da Apple nunca seria comprometida. A medida mais poderosa foi ter garantido que a *economia* criativa da Apple, a sua mestria em criar novos mercados e categorias que geram valor mais consistente nunca é comprometida, tornando-a um novo fundamento.

DE PROTEGER UM MERCADO A CONCRETIZAR UM MERCADO

A protecção dos mercados é um fundamento base do capitalismo da era industrial. Como a produtividade ortodoxa exige que as empresas produzam mais dos mesmos *widgets* do que os concorrentes, então todas protegem os segmentos, as categorias e os mercados já existentes da intromissão dos seus rivais, da descoberta de formas mais inteligentes para bloquear, derrotar e esmagar os rivais. Que tédio! Estão a competir pelo valor reduzido de outrora.

Em contrapartida, os capitalistas construtivos, mestres da socio-produtividade, criam novos segmentos, categorias e mercados que, ao invés dos de outrora, beneficiam ao máximo as pessoas, as comunidades, a sociedade e as gerações futuras, com um valor impossivelmente consistente. Criam cenários económicos de «extrema-necessidade-baixo-custo», nos quais os remediados têm uma vida melhor. Como tiveram esta ideia?

Com uma nova premissa radical. Em vez de protegerem os mercados, estão a completá-los. Num mercado completo, todos os produtos e serviços estão disponíveis, é possível adquiri-los, são acessíveis, funcionais e úteis para e por todos com a mesma quantidade monetária relativa. Os pobres talvez nunca tenham possibilidade de comprar um *Bentley*, mas, num mercado completo do sector automóvel, podem, pelo menos, comprar um *Nano*. O valor torna-se mais consistente porque surgem novas oportunidades de transporte para os mais desfavorecidos. Os mercados completos tornam o mundo um lugar perturbadoramente mais *justo*.

Em teoria, o valor deve tornar-se mais consistente até ao ponto em que quase todos podem usufruir dos produtos e dos serviços que a indústria tem para oferecer, com preços proporcionais aos rendimentos de cada um. A concorrência e a inovação deviam tornar uma necessidade algo que foi um luxo. O capitalismo devia ser um motor de justiça. As melhorias nas dimensões básicas da escolha – acessibilidade, disponibilidade, funcionalidade e serviço – deviam suceder-se constantemente, enquanto os inovadores descobrem novas oportunidades de criar valor cada vez mais consistente servindo quem não tem comodidades ao seu dispor, quer esteja no fundo, no topo ou no meio da pirâmide.

Porém, na prática, o capitalismo é inútil. A maioria dos mercados permanece incompleta, exclui vastas camadas da população mundial e limita as empresas acomodadas ao valor reduzido. Até a Tata ter surgido nem todos podiam comprar um carro. Até agora, o *Nano* mantém-se inacessível aos dois milhões de pessoas mais pobres do mundo.

O capitalismo da era industrial é fértil em desigualdades: são as indesejadas disparidades de acessibilidade, disponibilidade ou serviço que limitam as oportunidades para consumir, produzir ou contribuir. Para os capitalistas construtivos, as desigualdades são como dois alvos gigantes que os alertam para os limites do que é economicamente possível, as fronteiras do valor consistente. Dizem: «Vê bem. Atingimos o ponto de aperfeiçoamento nulo. Não conseguimos produzir produtos nem serviços mais acessíveis, disponíveis, funcionais e úteis do que estes.» *É aqui* que se atinge o ponto de máxima consistência do valor.

Eis como a especialista Emma Rothschild descreve uma das mais injustas desigualdades: «O 1/5 mais pobre da população americana gastou 31 por cento dos seus rendimentos em transportes, comparados com os 21 por cento dos segundos mais pobres, com 17 por cento dos terceiros mais pobres, 15 por cento dos quartos mais pobres, e 10 por cento dos americanos mais ricos.» [2] Os números indicam: «Não podemos fabricar carros *low-cost*, é impossível. O valor deixou de se tornar consistente e de aumentar.» Os ricos tinham uma vasta gama de automóveis à escolha, enquanto os pobres não tinham qualquer escolha. Os fabricantes de automóveis de Detroit não viram o mundo através das lentes dessa desigualdade, portanto, continuaram a proteger os o monovolumes e a defender o valor reduzido. Mas a Tata viu o mundo de uma forma muito diferente. Centrou-se nas desigualdades de um sector automóvel incompleto. A Tata questionou-se: «Como podemos servir as pessoas, as comunidades e as sociedades que sofrem de uma deficiência crónica de serviços e que são marginalizadas e ignoradas pelos fabricantes de automóveis?» A resposta simples que abalou o mundo foi: «E se fabricássemos um carro *low-cost* para os pobres?»

Vou referir outra desigualdade menos óbvia: os utilizadores de telemóveis gastam mais com o pior, mais limitado e terrivelmente obtuso acesso à Internet. É uma desculpa para concluir: «Não podemos fornecer mais do que uma rede deficiente num telemóvel, é impossível. O valor deixou de se tornar consistente e de melhorar.» A Nokia, a Sony e outras empresas acomodadas de aparelhos telefónicos não viram o mundo através das lentes da desigualdade, portanto, continuaram a proteger os *smartphones* já disponíveis, obtendo assim valor reduzido. A Apple viu o mundo de forma muito diferente. Encarou a falta de aperfeiçoamento como um mal de raiz. A Apple perguntou-se: «Como podemos servir as pessoas, as comunidades e as sociedades que sofrem de uma falta constante e crónica de serviços, que são marginalizadas ou ignoradas pelos fabricantes de telefones?» A resposta simples inovadora foi: «E se conseguíssemos fabricar telefones que tornem a Internet utilizável por todos, não só pelos cromos, ao mesmo preço de um *smartphone* comum?»

Pode questionar-se: *Porque* não conseguem os mercados suprir estas desigualdades gritantes? Por culpa das imperfeições económicas. Passo a citar Ramon DeGennaro, professor de Finanças na University SunTrust do Tennessee, que as descreve da seguinte forma: «As imperfeições do mercado geram custos que interferem com as trocas comerciais que os indivíduos racionais levam a cabo (ou levariam caso não houvesse tais imperfeições).» ([3]) Portanto, as imperfeições económicas limitam aquilo que podemos fornecer, a forma como o podemos fazer e quem compõe a procura. São obstáculos e barreiras que impedem aperfeiçoamentos, limitam e aprofundam as necessidades que alguns ou talvez muitos alguma vez poderão satisfazer. Má informação, indisponibilidade de fontes e custos derivados da profunda complexidade são três tipos comuns de imperfeições. Cada um deles impede que os aperfeiçoamentos progridam e ocorram, limita e dificulta a completude de um mercado.

Veja a situação por este prisma. Se tivéssemos informação e recursos baratos infinitos, e pudéssemos combiná-los sem qualquer custo, conseguiríamos provavelmente tornar qualquer bem acessível e disponível para qualquer pessoa. Mas se a informação sobre o que produzir for escassa, os recursos para o fabrico indisponíveis e se a complexidade nos impedir de juntar as partes que compõem um produto, então, a melhor acessibilidade e disponibilidade têm de ser travadas a fundo e passarão unicamente a ser possíveis para alguns.

Em vez de defenderem os mercados, os segmentos e as categorias existentes *dos* rivais, os capitalistas construtivos fizeram uma escolha diferente: concretizar mercados *para* as pessoas, as comunidades, a sociedade e as gerações futuras. O objectivo deles é criar consistente, rápida e frequentemente novos segmentos, categorias e mercados «impossíveis», corrigindo as imperfeições. Quando os dois competem directamente, o segundo perturba o primeiro. Os mercados impossíveis crescem mais depressa e redundam em rendimentos mais profundos, porque comoditizam os já existentes.

Só há uma coisa mais poderosa do que uma fortaleza bem guardada num mercado: um caminho para a perfeição, que pode ser um mercado mais completo, pois, desbloqueia o valor consistente. Tanto a Apple como a Tata conseguiram corrigir uma imperfeição há muito existente: *simplificaram a complexidade*. Ambas descobriram que as novas indústrias, mercados e categorias impossíveis se tornam uma realidade quando as imperfeições económicas, que travam e dificultam os melhoramentos, são eliminadas. É o que a GM, a Chrysler, a Sony e a Nokia estão a aprender da forma mais difícil: não há *nada* capaz de as proteger dos capitalistas construtivos que exercem a perfeição e têm o poder de mudar o mundo.

Corrigir imperfeições começa pela procura de desigualdades, dos sinais que caracterizam os mercados incompletos, e termina na concretização de mercados com novos segmentos, categorias e mercados «impossíveis». As empresas tradicionais questionam-se: «Como podemos proteger os mercados que já existem?» Em vez disso, o capitalista construtivo pergunta: «Como podemos concretizar mercados, criando novos mercados que sirvam as pessoas, as comunidades e as sociedades que sofrem de uma falta constante e crónica de serviços, que são marginalizadas ou ignoradas? Podemos *simplificar a complexidade, converter produtos em bens, subdividir os recursos ou minimizar os custos de informação* e, assim, corrigir as imperfeições do passado?»

Ao fazer essas perguntas, os capitalistas construtivos estão a ser pioneiros de quatro percursos para a perfeição: meta, micro, macro e orto. Eis como cada um deles leva à criação de novas indústrias, mercados e categorias «impossíveis».

META

Meta significa acima e para além. Diz respeito à informação: o que está acima e para além dos mercados e das trocas de redes. É comum os mercados serem incompletos devido à fraca informação. Quanto mais dispendiosa a informação for, mais dispendiosas serão as transacções e mais categorias e segmentos mal servidos existirão. Há uma grande variedade de custos associada à má informação: custos de pesquisa, de avaliação e de execução. Os capitalistas construtivos estão a descobrir que onde estes custos estão implementados podem existir frequentemente mecanismos radicais que desencadeiam a sua minimização.

Não há área em que a informação seja mais problemática do que a das finanças. Nesse campo, os pobres eram cronicamente mal servidos, porque monitorizar e executar reembolsos de dívida parecia inviável. Até que se deu uma revolução microfinanceira. O microfinanciamento, iniciado por Muhammad Yunus, assenta numa solução engenhosa de monitorização e execução. Yunus concedeu empréstimos a grupos (normalmente mulheres) que se responsabilizavam colectivamente por monitorizar e executar o reembolso. Cortou os custos com a informação, dividindo-os eficazmente pelas aldeias e comunidades locais. Actualmente, os insurgentes construtivos, como o Grameen e o Banco Compartamos, criaram um novo sector «impossível», um sector avaliado em mais de 30 mil milhões de dólares, em que o empréstimo médio é inferior a 100 dólares, as taxas de incumprimento são inferiores a 5 por cento e as margens de lucro aproximam-se da marca dos 60 por cento. Está a crescer à velocidade da luz, apesar de as finanças da era industrial atravessarem uma fase tumultuosa. Isso sim é valor consistente.

Para ser *meta*, pergunte-se se cortar os custos com a informação lhe permite servir os cronicamente mal servidos, marginalizados ou ignorados.

MICRO

Micro diz respeito à divisibilidade. É frequente os mercados permanecerem incompletos porque os produtos e os serviços são monolíticos: só estão disponíveis em incrementos da dimensão do *Titanic*, que não podem ser subdivididos, portanto, permanecem monetariamente inacessíveis, indisponíveis e inalcançáveis para muitas categorias e segmentos. Enquanto os produtos e os serviços monolíticos tornam os mercados imperfeitos, os capitalistas construtivos estão a aprender a tornar-se micro. Efectuam operações de divisão e de separação, para que possam surgir novas categorias e segmentos.

A justiça não se refere apenas aos pobres. Por vezes, diz também respeito aos directores executivos e aos gestores de *hedge funds*. Até para esses mestres do universo um jacto privado não estava ao seu alcance. De partir o coração, certo? Ao dividir e separar a propriedade dos aviões, a empresa NetJets, agora famosa, criou um novo mercado «impossível», em que qualquer milionário pode ser proprietário de uma fracção de todos os brinquedos preferidos dos multimilionários. Como os jactos privados estão durante muito tempo inactivos, a propriedade fraccionada oferece uma forma poderosa de aumentar exponencialmente a acessibilidade. No passado, os jactos eram indivisíveis: hoje, com o cartão Marquis Jet, qualquer pessoa pode comprar nem que seja uma microparcela de 25 horas de voo num *NetJet* privado. Fica-lhe por pouco mais de 400 mil dólares voar num *Gulfstream V*; o que pode parecer dispendioso, a não ser que tenha 35 milhões disponíveis para comprar um novo, igual. Isto sim é vantagem de preço.

A Zipcar, claro, fez com os automóveis o que a NetJets e empresas semelhantes fizeram com os aviões. Mas há um exemplo ainda mais radical de ser micro no sector automóvel. A Better Place está a construir uma grelha de energia eléctrica e uma infra-estrutura para os automóveis da próxima geração que lhe permite recarregar o seu carro eléctrico ou trocar a sua bateria gasta. Planeia fixar preços semelhantes aos dos dados celulares: por meio de planos de milhas. Tem a possibilidade de pagar taxas fixas ou variáveis por milhas que reflectem preços de energia. Ou pode escolher a opção «tudo o que quiser», um plano de taxa fixa, para milhas ilimitadas. As baterias eléctricas padrão para os carros custam entre 10 mil e 20 mil dólares. São uma despesa monolítica, fixa. Mas a Better Place torna a despesa «micro». No fundo, vende aos subscritores micropartes ou macropartes – se adoptarem o plano de taxa fixa, vendem-lhes milhas em vez de bateria. Como o vice-presidente da Better Place, do grupo Auto Alliances, Sidney Goodman, explicou ao blogue Autopia, da *Wired*, «somos um fornecedor de serviços eléctricos... compramos baterias e electricidade e vendemos milhas». (4) A Better Place consegue tornar micro as despesas fixas da bateria de um carro eléctrico, dividindo o custo das baterias pelos subscritores. Eis ao segredo: se subscrever suficientes milhas renováveis, fica com o carro *gratuitamente*. O modelo contém suficiente potencial de lucro para a Better Place estar a planear subsidiar carros com milhas, tal como os operadores móveis subsidiam os telemóveis com minutos.

Quem mais se tornou micro? A Apple com a loja de aplicações para o iPhone. No passado, os serviços móveis eram parte de uma subscrição maior e monolítica. Actualmente, na loja de aplicações, conta com um número interminável de produtos e cada um tem de custar menos do que o anterior. Ao tornar micro os serviços de telemóveis, a Apple redesenhou as fronteiras da acessibilidade. Segundo os dados mais recentes, há mais de cem mil aplicações disponíveis.

O mestre da arte de ser micro é, claramente, o Twitter. No passado, a comunicação social era monolítica: jornais, livros, filmes, todos eles eram indivisíveis, dispendiosos e de disponibilidade limitada. Actualmente, a comunicação foi atomizada, fragmentou-se em micropartes, como publicações em blogues, vídeos do YouTube e faixas disponíveis para descarregamento. As mais minúsculas destas micropartes são os *tweets*. Só permitem 140 caracteres de texto. O segredo do Twitter foi o seguinte: Evan Williams, Biz Stone e Jack Dorsey, os fundadores, perceberam que micropartes de comunicação social podem redesenhar as fronteiras da disponibilidade e a acessibilidade da informação, porque permitem que as pessoas contribuam, leiam, partilhem e se relacionem de forma mais eficiente. Quão mais eficiente? Ao tornar-se micro, o Twitter pode bem ser o início da revolução da pesquisa e comunicação. Diz-se muito que a imitação é a forma mais sincera de elogio e, no início de 2010, depois de admitir que é ao Twitter a que as pessoas recorrem para fazer uma busca em tempo real, a poderosa Google começou a incluir *tweets* nos seus resultados de busca.

Para se tornar *micro,* pergunte-se: será que dividir, subdividir ou converter produtos e serviços monolíticos e indivisíveis em micropartes nos permite servir aqueles que sofrem de uma falta crónica de serviços, que são marginalizados ou ignorados?

MACRO

Macro diz respeito à transformação de produtos e serviços em bens. Por vezes, os mercados permanecem incompletos porque os bens que determinam a produção e o consumo não são comercializáveis ou não existem sequer, bens como o conhecimento, os fornecedores, as redes de distribuição ou o dinheiro. Se os mercados permanecem imperfeitos porque a infra-estrutura de bens de que necessitam para prosperar está em falta, os capitalistas construtivos estão a aprender a tornar-se macro, vendendo não apenas produtos e serviços, mas um «negócio numa caixa».

Grameen, o revolucionário da microfinança, avançou numa colaboração pioneira com um serviço de telemóvel, o Grameenphone, hoje, o primeiro operador de telemóveis em Bangladesh, com 40 por cento de quota de mercado. Porém, a última coisa que o Grameenphone está a fazer é dominar o mesmo mercado antigo. Deslocou rivais, criando um mercado radicalmente mais completo para a comunicação via telefone, consistindo em várias novas categorias e segmentos. Eis um exemplo.

O serviço de telefone revolucionário Village Phone, do Grameenphone, transforma os telemóveis em macroprodutos: passam de produtos a bens. Concede microfinanciamentos aos pobres, até 200 dólares, para financiarem um telefone, com o objectivo de os alugarem para que outros possam fazer chamadas pessoais nas suas vilas ou aldeias. Os telefones tornam-se *bens*, que motivam ganhos permanentes e duradouros, não apenas produtos que serão consumidos. Assim sendo, a Village Phone não vende telefones: financia empréstimos a microempreendedores de um «negócio numa caixa» e esses microempreendedores deixam de ser consumidores, passam a ser operadores da Village Phone. Os micronegócios que os microempreendedores gerem criam valor consistente que os beneficia, fazendo também lucrar as redes móveis, as instituições microfinanceiras, as suas comunidades e a sociedade. *Esse* sim é valor consistente verdadeiro, significativo e duradouro. À medida que os telemóveis se tornam mais omnipresentes e os microempreendedores prosperam, os operadores da Village Phone podem tornar-se operadores de rede da Village Phone ou, talvez, até agentes de computadores portáteis.

No passado, a Hindustan Unilever esteve envolvida no negócio de bens de grande consumo. Hoje, dedica-se ao negócio de *activos* de grande consumo, através da sua iniciativa radical Shakti. Depois de ultrapassar as complexidades da escala de eficiência mínima necessária para atingir os pobres das zonas rurais, a Hindustan Unilever decidiu experimentar algo completamente diferente. Em 2002, em cinquenta aldeias, em parceria com ONG, bancos e governos locais, a Unilever concedeu a mulheres indianas pobres da zona rural microempréstimos, formação de empreendedorismo e a possibilidade de comprarem os seus bens por atacado. A ideia era transformar os bens de consumo em activos. As participantes da Shakti não são consumidoras; são microempreendedoras que, tal como os operadores da Village Phone, ganharam um negócio numa caixa – um negócio de distribuição de bens de grande consumo, que reúne inventários, formação e capital de exploração.

Qual foi o resultado? Actualmente, há mais de quarenta e cinco milhares de empreendedoras Shakti. A Unilever alargou o seu alcance rural para norte, em 30 por cento, a um custo significativamente inferior do que criar canais de distribuição semelhantes aos da era industrial. A Shakti tem tanto êxito que a Unilever está a aplicar a iniciativa em mercados emergentes a nível global. Já começou no Sri Lanka e no Bangladesh. Em média, os participantes na Shakti duplicam os seus rendimentos. Para os mais pobres entre os pobres, é um resultado que altera radicalmente as suas vidas, que gera não apenas riqueza financeira, mas também dignidade e auto-estima. Rojamma, uma participante na Shakti, afirma: «Hoje todos me conhecem, agora sou alguém.» (5) As pessoas ficam a ganhar, assim como a sociedade e a Unilever. Todos prosperam. É um exemplo impressionante de valor consistente.

Para se tornar *macro*, pergunte-se: será que converter produtos e serviços em activos nos permite servir aqueles que sofrem de uma falta crónica de serviços, que são marginalizados ou ignorados?

ORTO

Orto diz respeito à simplificação da complexidade. Orto significa *direito* ou *directo*. Os mercados permanecem frequentemente incompletos porque a complexidade impõe custos profundos à produção e ao consumo e redunda em produtos e serviços que não são rentáveis para muitos compradores, fornecedores e clientes potenciais.

Imagine que conseguia fazer tudo na vida carregando simplesmente num botão. Parece absurdo, certo? Para Steve Jobs, não. É esse o objectivo da Apple: um botão para todos governar. Considere, por instantes, quão perto o iPhone está de alcançar esse objectivo. Enquanto a maioria dos telefones tem mil botões, funções e funcionalidades, o iPhone tem apenas... um único botão. O verdadeiro segredo do êxito da Apple é a simplicidade radical: eliminar todos os passos desnecessários dos processos que os consumidores têm de levar a cabo, o que torna os produtos e os serviços de tal forma funcionais que surpreendem, encantam e impressionam. Como todos os produtos da Apple, o iPhone é revolucionário não apenas por ser um *gadget* melhor, mas, especificamente, por ser um *gadget* incrivelmente simples.

O *software* gestual da Apple é revolucionário porque tornou a Web suficientemente simples para todos. O processo de assinatura simples torna a compra e a activação do iPhone cómodas. Não há uma profusão de planos concebidos para levar os consumidores a aderir por estarem confusos. Essa ênfase na simplicidade reflecte-se também na facturação, um aspecto no qual os clientes não são perseguidos com taxas ocultas pelas quais primam muitas operadoras móveis: os clientes pagam somente uma taxa mensal de subscrição fixa. E, claro, juntamente com o iTunes e a loja de aplicações para o iPhone, o iPhone e o iPod são duplamente revolucionários, porque os processos de pesquisa, selecção, descarregamento e utilização de média e de aplicações são muito mais simplificados. Usar ferramentas de navegação, como os telemóveis e os aparelhos de MP3, era um exercício complexo e tão dispendioso que a maioria das características acabavam por não ser usadas e os activos em que os intervenientes do sector de telemóveis tinham investido – como a Internet móvel – acabaram por fracassar. O iPod, o iTunes, o iPhone e a loja de aplicações, pelo contrário, anulam a complexidade, reduzindo drasticamente o número de passos necessários para atingir os objectivos. Ao simplificar o que é complexo, convertendo-o em valor reduzido consistente, a Apple criou novos mercados e revitalizou mercados desactivados a um ritmo que deixou os concorrentes consternados.

A Tata surgiu nos antípodas, porém, a nível estratégico, é como o irmão há muito perdido da Apple. Como criou a Tata o primeiro carro *low-cost* do mundo? Através do poder revolucionário da simplicidade. Janelas eléctricas, direcção assistida, fecho eléctrico, ar condicionado? Nada disto está incluído no modelo base. A estrutura é feita maioritariamente de plástico. A junção é feita por meio de ligas adesivas e plásticas, nada é soldado. O *Nano* é o modelo século XXI do Modelo T, inteiramente despojado, e cinge-se ao essencial para que o preço seja radicalmente baixo. Até as rodas são presas só por três porcas e parafusos, em vez das quatro que se usam normalmente. Sem dúvida, material precioso para os *talk-shows* de comédia ao serão. Mas também um grande choque para os fabricantes de automóveis de Detroit que, em vez de criarem novos mercados impossíveis, recorrendo à simplicidade radical, continuaram a proteger os mercados do passado, aumentando a produção de veículos todo-o-terreno de alto consumo que apenas geraram valor reduzido. Pelo contrário, o *Nano* não se limita a conseguir uma melhor quilometragem do que os veículos todo-o-terreno, também permite melhorar a vida dos mais desfavorecidos, obtendo assim valor consistente.

Para se tornar *orto,* pergunte-se: será que simplificar a complexidade nos permite servir aqueles sofrem de uma falta crónica de serviços, que são marginalizados ou ignorados?

SÍNTESE

Aspirar a que a igualdade ultrapasse limites impostos, aperfeiçoar mercados imperfeitos, em vez de simplesmente os proteger, é o que permite aos capitalistas construtivos, como a Tata e a Apple, criar novos mercados, segmentos e indústrias «impossíveis». Quando se luta pela igualdade, recusamo-nos a aceitar o *status quo* da desigualdade e desafiamo-lo dizendo sim. Sim, podemos servir as pessoas. Sim, podemos oferecer a dada comunidade os nossos produtos. Sim, podemos tornar os nossos serviços acessíveis a tais clientes. Sim, conseguimos resolver um problema específico. Eis como *podemos* melhorar e criar valor mais consistente.

A fonte da criatividade económica é a recusa em aceitar os limites do possível, e são as desigualdades que assinalam esses limites. Eis uma rápida lista de verificação para ponderar sobre este assunto.

- Está a travar batalhas cada vez mais destemidas para proteger e escudar da concorrência os mercados existentes e os clientes? Em vez disso, consegue criar novas indústrias, mercados, categorias e segmentos, sobretudo, aqueles que são «impossíveis» de acordo com o *status quo*?

- Simplificar processos permite-lhe servir aqueles que não costumam ser bem servidos, que são marginalizados ou ignorados? Se decidisse simplificar a complexidade, que aspecto das desigualdades – acessibilidade monetária, disponibilidade ou funcionalidade e serviço – melhoraria?

- Dividir em micropartes um bem monolítico permite-lhe servir aqueles que são mal servidos? Se dividisse em micropartes os bens fixos, que aspectos das desigualdades conseguiria corrigir?

- Converter produtos e serviços em activos permite-lhe servir aqueles que são mal servidos? Se oferecesse activos em vez de produtos e serviços, talvez até um «negócio numa caixa», que aspectos das desigualdades conseguiria corrigir?

- Reduzir drasticamente os custos de informação, por exemplo, os custos de negociação, monitorização e de execução, permite-lhe servir aqueles que são mal servidos? Se reduzisse drasticamente os custos de informação, que aspectos das desigualdades conseguiria corrigir?

- Que novos cenários económicos conseguiria criar se melhorasse a acessibilidade monetária, a disponibilidade ou a funcionalidade e o serviço? No seu sector, em que dimensões são mais aperfeiçoamentos considerados completamente «impossíveis»?

SEXTO CAPÍTULO

Quinto Passo:

Diferença
DE BENS A BENS MELHORES

Ao aprender a arte da perfeição de mercado, tornou-se tão criativo como Picasso. O próximo passo para se tornar um capitalista construtivo é dominar a *diferença*: usar conversações e ciclos de valor, as filosofias e a criatividade para fazer uma diferença significativa, que seja relevante em termos humanos. Em vez de se limitar a produzir bens, um capitalista construtivo produz *bens melhores* – conjuntos de produtos e serviços que fazem a diferença para as pessoas, para as comunidades e para a sociedade, porque têm um impacto positivo, tangível, significativo e duradouro.

O que são bens melhores? Passemos à explicação.

★

Foi um dos produtos mais emblemáticos do século XX, teve o apoio declarado dos atletas mais em voga, foi publicitado até à exaustão nas Super Bowls e nas revistas desportivas, com um preço fora do alcance das massas. Todos os adolescentes com acne queriam um par, assim como todos os concorrentes. Os Air Jordan ajudaram a Nike a tornar-se o colosso que é actualmente.

Pensaria, portanto, que a Nike continuaria a progredir. Porque é que no século XXI a Nike está a ter um volte-face abrupto? Porque está a ajudar todos os clientes a dominarem a disciplina e a serem melhores corredores, em vez de – como no passado – se limitar simplesmente a convencer as pessoas a calçarem os ténis mais estilosos?

A resposta é que a Nike é mais uma empresa capitalista construtiva que está a descobrir que, no século XXI, o percurso de maior impacto, mais rentável e valioso para alcançar vantagem não é *diferenciar* produtos, mas *fazer a diferença* para as pessoas, para as comunidades e para a sociedade.

Os negócios da era industrial não são apenas insustentáveis em termos económicos, são também insustentáveis estrategicamente, porque enfrentam um tremendo conflito estratégico de interesses com as pessoas, as comunidades, a sociedade, o meio ambiente e as gerações futuras. O principal objectivo de um negócio da era industrial é, desde que seja rentável, impingir mais produtos às pessoas, quer as deixem melhor ou pior.

Esses incentivos estão profundamente em contradição com o problema pós-moderno da sociedade com sabor a Prozac, ou seja, a falta de felicidade. Embora os rendimentos tenham aumentado, o índice de felicidade nos países desenvolvidos atingiu valores decrescentes. ([1]) De acordo com um estudo sociológico do Centro Nacional de Pesquisa, a felicidade diminuiu nos EUA. A percentagem de pessoas muito felizes esteve no seu auge no início dos anos 70 – 38 por cento – e, desde então, caiu para 32 por cento. Nunca ultrapassou os 40 por cento. Nos oito países centrais da UE, os níveis de felicidade permaneceram estagnados, subiram menos de 1 por cento nos últimos 30 anos, segundo um estudo do Eurobarómetro. No Japão, o Estudo Nacional sobre as Preferências de Estilo de Vida, levado a cabo por um gabinete governamental, informa que a percentagem de pessoas «muito felizes» diminuiu drasticamente, de 10 por cento, em 1978, para menos de 6 por cento, em 2005, embora o PIB tenha duplicado ao longo do mesmo período. Na China, de acordo com o Estudo Valores Mundiais, a percentagem de pessoas «muito felizes» diminuiu de quase 30 por cento em 1990 para cerca de 20 por cento, em 2008.

Richard Easterlin, um dos primeiros economistas que estudou a felicidade e docente da University of Southern California, apresenta a seguinte conclusão: «A longo prazo, a felicidade e os rendimentos não estão relacionados.» (2) Assiste-se a um debate entre economistas acerca de tal visão tão intransigente, que hoje é conhecida como o Paradoxo de Easterlin. O meio-termo sugere que, como calcula, embora exista uma ligação entre os rendimentos e a felicidade, é uma relação que diminui rapidamente. Até as economias mais ricas do mundo, as mais ricas que possa imaginar, não parecem oferecer a mais de 40 ou 50 por cento dos seus membros a oportunidade de maximizar a felicidade e de se sentirem «muito satisfeitos».

Os níveis reduzidos de felicidade sugerem que a cada dólar, libra ou iene de rendimento ganho correspondem ganhos minúsculos de felicidade, e nalguns casos, um *decréscimo* de felicidade. Quando as economias e as empresas respeitam as regras do capitalismo do século XX, parece que a felicidade acaba por ser um jogo no qual ninguém lucra. Embora possamos ganhar dinheiro, a felicidade total está, no pior dos casos, estagnada e, no melhor, multiplica-se a um ritmo diminuto. Parece que quando nos sentimos felizes é porque parcelas de felicidade foram transferidas de uma pessoa para outra e depois regressaram, ou pior, porque estamos a roubar felicidade ao nosso ser futuro. Sugiro o seguinte: o capitalismo nos moldes que conhecemos atingiu os telhados de vidro da felicidade. Os seus fundamentos atingiram um limite à quantidade de felicidade e de pessoas muito felizes a longo prazo.

Os resultados da pesquisa sobre o que torna as pessoas mais felizes e mais infelizes são reveladores. De acordo com o estudo do economista Richard Layard, da eminente London School of Economics, somos mais felizes quando estamos descontraídos, a socializar ou, adivinhe, a fazer sexo. Quais são as três actividades que nos deixam mais infelizes de acordo com este mesmo estudo? Ir para o trabalho, o tempo passado no trabalho e vir do trabalho. (³) Quais são as pessoas com quem nos sentimos mais e menos felizes a interagir? Os amigos e a família deixam-nos mais felizes. Os clientes são as terceiras pessoas que nos deixam mais infelizes. Estarmos sozinhos é o segundo motivo de infelicidade. E o que está no fundo da lista e que é ainda pior do que estarmos sozinhos? Interagir com o nosso patrão.

Dilbert, os louros são teus.

Sugiro que o problema é o seguinte: as organizações da era industrial foram criadas para gerar lucros através da produção, do *marketing*, da distribuição e da venda do maior número possível de produtos. E, embora muitas tenham incentivado os negócios a afastarem-se do «produto» bruto (veja-se o conceito de «economia experiente», de Joe Pine e de Jim Gilmore), ninguém atirou a primeira pedra capaz de estilhaçar os telhados de vidro da felicidade. (⁴)

A felicidade não depende de mais coisas, mas de mais *bem-estar*. Embora consumamos mais produtos da era industrial, as consequências humanas que nos tornam mais felizes, como o sentido de pertença, a segurança económica e saúde, não são melhoradas. No limite, chegam a ser degradadas. Obesidade, salários estagnados para a classe média, perda de confiança: todos estes aspectos prevêem uma queda drástica da felicidade no futuro. Não importa que as empresas da era industrial sejam construídas para continuar a escoar «produtos» que geram esses resultados negativos, mesmo que destruam a felicidade do futuro e limitem a felicidade do presente.

O valor mais consistente e autêntico, aquele que é relevante para as pessoas, para as comunidades e para a sociedade em termos humanos, reflecte uma felicidade duradoura e tangível. Uma economia composta por organizações que lucram tornando as pessoas *menos* felizes – moderada ou absolutamente – vai ao encontro da definição mais profunda de insustentabilidade. Assenta na clara definição de valor reduzido. Lucro, valor de negócio ou de accionista que nos façam infelizes só são válidos para os masoquistas.

Portanto, a questão mais significativa e aborrecida com que as empresas do século XX se deparam no século XXI é: podemos redefinir os limites da felicidade? Pelos vistos, há um limite abrangente do número de pessoas «muito felizes» ou «muito satisfeitas», de acordo com as regras do capitalismo da era industrial, que até os países mais ricos podem atingir de forma consistente. Podemos talvez construir empresas – e, consequentemente, países e economias – com músculos e ligamentos suficientemente fortes para despedaçar os telhados de vidro da felicidade?

Os inovadores dos dias de hoje talvez estejam a fazer exactamente isso, procurando a *diferença* em vez de mera *diferenciação*. Na era industrial, as empresas procuravam diferenciar os produtos e os serviços. A forma de procedimento era acrescentar o suposto valor através de marcas mais elaboradas, *slogans* mais inteligentes e anúncios mais chamativos. Em contraste, a diferença não se trata de quão diferenciados são os nossos produtos, mas se conseguimos fazer *alguma diferença* na vida das pessoas, nas comunidades, na sociedade e nas gerações vindouras.

A diferença está no domínio da eficácia de próxima geração: a *socioeficácia*. É algo muito diferente da definição de eficácia capitalista: a eficácia operacional. Eis como o famoso gestor Michael Hammer descreveu certeiramente a eficácia operacional há duas décadas: não é simplesmente «fazer as coisas bem», mas «fazer as coisas certas». ([5]) As operações desperdiçadas eram preteridas e as operações adoptadas eram espremidas para se aproveitar o máximo lucro. Três *sigma* tornavam-se seis *sigma* que se tornavam nove *sigma*. Consequentemente, a qualidade do produto disparou, os inventários desapareceram e os ciclos de vida do produto sofreram uma redução. A eficácia operacional tem que ver com *outputs*: com que consistência, credibilidade e frequência os *inputs* se convertem em *outputs* bons e sem erros.

A socioeficácia não diz respeito à qualidade dos *outputs*, mas à qualidade dos *resultados*. Não importa fazer as coisas bem nem as coisas certas. Prende-se com *acertar nas coisas que fazemos*, garantir que os nossos produtos e serviços redundam em benefícios positivos e tangíveis, e evitar os que não o fazem e que não têm essa capacidade. A socioeficácia mede-se pela consistência, precisão e frequência com que os nossos *outputs*, que não passam de objectos inertes, matéria-prima, se traduzem em resultados tangíveis e positivos na vida real.

Acertar naquilo que fazemos é relevante. Os *outputs* são tudo o que as organizações *produzem,* e o domínio da eficácia operacional levou a que a maioria das empresas se tornasse excelente no fabrico de produtos. Mas os resultados são o que acontece depois de ser consumido tudo aquilo que as empresas produzem. O que acontece como última consequência da produção, muito depois de o produto ter sido consumido? Negociar com as empresas gera resultados tangíveis e positivos para mais alguém, quer sejam os clientes, as comunidades, a sociedade ou as gerações futuras? A não ser que assim seja, o valor mais consistente nunca será alcançado na sua totalidade.

Apesar de a eficácia operacional ter aumentado drasticamente, o mesmo não aconteceu com a socioeficácia e, em muitos casos, aconteceu o contrário. Com que consistência, frequência e precisão uma organização favorece a situação real das pessoas? Os carros, alimentos, *software* e cartões de crédito que utilizamos fazem realmente uma diferença positiva? Geralmente, a resposta é não. A economia industrial está repleta de alimentos que nos tornam menos saudáveis, de comunicações e interacções que destroem as ligações sociais e de mecanismos financeiros que, evidentemente, destruíram uma quantidade de riqueza sem paralelo.

Enquanto indivíduos, organizações e, colectivamente, uma economia de maior escala, sofremos de uma deficiência crónica quando se trata de garantir resultados positivos. Não é surpresa. As consequências para as pessoas, para as comunidades, para a sociedade e para as gerações futuras são completamente omitidas dos fundamentos económicos do capitalismo da era industrial e, portanto, não fazem parte dos processos de tomada de decisão nas estruturas organizativas e empresariais. Deste modo, as empresas da era industrial podem gerar valor reduzido porque obtêm lucros vendendo às pessoas produtos diferenciados e dando pouca atenção ao facto de fazerem melhor ou pior, a longo prazo.

A diferença exige que façamos algo mais abrangente, significativo e vital do que simplesmente diferenciar os velhos produtos de sempre. Exige que tenhamos a certeza de que estamos a fazer uma *diferença económica autêntica*. Quando domina a socioeficácia, uma organização consegue obter resultados mais tangíveis e positivos do que os concorrentes, fazendo uma diferença em termos humanos, não apenas por meramente oferecer produtos e serviços superficialmente diferenciados. A diferença, por si só, pode não bastar para aumentar a felicidade eternamente, mas defendo que é *necessária* para criar nova felicidade real de que as pessoas, as comunidades, a sociedade e as gerações futuras possam desfrutar. Então, aqueles que podem fazer a diferença estarão a criar músculo para, finalmente, poderem partir os telhados de vidro da felicidade da era industrial.

E para lá desses telhados de vidro está um novo nível de vantagem. Lutar para fazer a diferença não tem que ver com altruísmo, caridade ou filantropia: na verdade, tem que ver exactamente com o contrário, com o *fortalecimento* do martelo da estratégia. Quando uma empresa se concentra na felicidade, o grande conflito de interesses entre os negócios da era industrial – determinados a vender mais *outputs* e beneficiar as pessoas, as comunidades e a sociedade apenas com ganhos de bem-estar – desaparece e torna-se um interesse *partilhado* em obter melhores resultados. Daí os negócios que conseguem fazer a diferença já terem conquistado mais lealdade, credibilidade e legitimidade do que os concorrentes, porque não oferecem às pessoas, às comunidades, à sociedade, ao meio ambiente e às gerações futuras um conflito de interesses, mas, pelo contrário, um valor mais autêntico e consistente.

No século XXI, as empresas que não souberem marcar a diferença têm os dias contados. Ao invés, os inovadores radicais, como a Nike e outras empresas, que estão a aprender a fazer a diferença, prosperam. Na verdade, estão a redefinir os *pressupostos* que mantêm uma empresa no activo.

DE BENS A BENS MELHORES

O crescimento do lucro e do valor dos accionistas não são o objectivo das empresas; são prémios por tornarem melhor a vida das pessoas, de forma mais tangível, duradoura e relevante. Se uma empresa tem lucros, cresce ou cria valor para os accionistas, mas se o *bem-estar* das pessoas, das comunidades, das sociedades e das gerações futuras não for melhorado de forma consistente e precisa, não é economicamente significativo. Não tem significado económico porque não foi criado qualquer valor económico. Perseguir unicamente o lucro, o crescimento e o valor dos accionistas é uma receita sem sentido e de valor reduzido, cujas consequências negativas surgem em todas as empresas com essa mentalidade, mais cedo do que se espera.

O que estamos a fazer é cada vez menos significativo do ponto de vista económico. É o que a falta de felicidade deixa transparecer por meio de todos os veículos todo-o-terreno, Big Mac e McMansion. As matérias-primas *só* se tornam significativas a nível económico quando afectam positiva e activamente o bem-estar das pessoas. Cria jogos de vídeo que estreitam mais as relações entre as pessoas, sapatos que ajudam as pessoas a ficarem mais em forma, computadores portáteis que tornam as pessoas mais produtivas? As pessoas estão a tornar-se mais espertas, mais elegantes, saudáveis ou mais unidas, em consequência da interacção com a sua empresa? Esse é o teste mais verdadeiro e difícil à autêntica criação de valor.

«Há pessoas que têm dificuldade em jogar o jogo do posicionamento porque se prendem com palavras. Assumem, erradamente, que as palavras têm significados.» É este o famoso conselho que Al Ries e Jack Trout deram às direcções das empresas há 30 anos, no seu livro clássico *Positioning* [6]. O resultado foi, de facto, «palavras sem significado». Está a ver esta lata de cerveja? Vai ajudá-lo a conhecer mais mulheres bonitas. Na verdade, a cerveja é um produto fabricado em massa com *inputs* de baixa qualidade – uma fraca imitação da verdadeira cerveja, com pouco impacto no êxito que tem entre as mulheres.

Pergunte-se: qual é a verdadeira diferença entre um Whopper e um Big Mac? Um Hummer e um Escalade? Uma Pepsi e uma Coca--Cola? Todos oferecem sabores ligeiramente diferentes daqueles que se espera. Esse valor, claro, não é verdadeiro valor, é imaginário! A diferenciação é muitas vezes superficial. É substanciada por palavras vazias de significado, significados económicos válidos, precisos e poderosos, que levam inexoravelmente a coisas que oferecem, em grande parte, benefícios imaginários. Os benefícios imaginários são o protótipo de valor reduzido. Eis a definição concisa e o problema dos negócios sem significado.

Ter significado a nível económico implica conseguir *especificar*, *provar* e *melhorar* os resultados: «os nossos clientes ficam mais saudáveis»; «tornamos as pessoas mais elegantes»; «os nossos clientes criam relações mais fortes»; «tornamos as comunidades mais inteligentes». As consequências relevantes para o bem-estar são aquelas que tornam o nosso trabalho significativo. São o que importa realmente para tornar o valor autêntico e consistente, para beneficiar as pessoas, as comunidades, a sociedade, o meio ambiente e as gerações futuras.

Nos anos 70, 80 e 90, a estratégia preocupava-se em responder a uma pergunta fundamental: qual é realmente o seu negócio? Ao responder a esta pergunta de novas formas, as empresas redefiniram os seus modelos de negócio. A Rolls-Royce e a IBM mudaram de produtos para serviços, por exemplo, para captar o valor que se obteria na instalação, manutenção e substituição desses produtos. Actualmente, essa pergunta não nos pode ensinar a criar valor mais consistente e autêntico. No século XXI, perguntar «qual é realmente o seu negócio» é obsoleto, porque nunca nos pediram para criar uma *espécie* de negócio fundamentalmente melhor.

Actualmente, todas as empresas se dedicam ao mesmo negócio: o negócio dos *resultados*. O grande desafio do século XXI não é decidir que tipo de coisas sem significado da era industrial devem ser produzidas. É aprender a fazer coisas que *não* sejam insignificantes. É aprender a criar uma diferença duradoura e tangível no bem-estar, porque essa é a *única* base para a criação de valor económico verdadeiro.

De que forma estão os inovadores radicais, dos dias de hoje, a tornar os seus negócios significativos? Através de uma premissa radicalmente nova: *bens melhores*. Os negócios do século XX produziam bens: produtos e serviços que nos ofereciam um bem económico ou utilidade a médio prazo. Mas os bens não são apenas *outputs*, e agora todos se viraram para o negócio dos resultados. Os capitalistas construtivos estão a descobrir que os negócios do século XXI não produzem bens, produzem bens melhores: conjuntos de produtos e de serviços que ajudam as pessoas, as comunidades, a sociedade, o meio ambiente ou as gerações futuras a tornar-se melhores a nível económico, garantindo que alcançam resultados positivos e tangíveis. Num sentido lato, os *bens melhores* significam conjuntos de produtos e serviços que melhoram, quanto *mais* forem usados, destruindo o pressuposto da era industrial de que os produtos e serviços têm de decair e diminuir à medida que são usados.

Pode descrever bens melhores como *aquilo* que transforma os *outputs*, os produtos que as empresas da era industrial produzem, em resultados que melhoram o bem-estar. Quanto mais conseguirmos transformar os *outputs* de forma mais consistente e confiável, melhores serão os resultados, mais eficácia económica teremos obtido e maior diferença poderemos fazer.

Veja o exemplo da Nike. A Nike do século XX estava obcecada com a diferenciação. Era um exemplo de estudo de marca orquestrada, de *push-marketing* de ténis desportivos produzidos em massa, roupas e acessórios baseados em novos estilos, cores e tecnologias. Ao longo dos anos 80 e 90 e também na primeira década do século XXI, a Nike foi uma empresa despojada de significado. Não se preocupava se qualquer desses *outputs* tinha um impacto positivo nos resultados das pessoas. Os ténis podiam ajudá-lo a correr melhor, podiam ter sido acessórios de moda caros, ou pior, podiam ter sido causa directa de problemas de saúde. Por exemplo, no livro *Born to Run*, Christopher McDougall discute como as novas tecnologias «inovadoras» no atletismo levaram a que as taxas de lesões *aumentassem* em toda uma geração de corredores, porque enfraqueceram os músculos do pé e do tornozelo. (7)

A Nike do século XXI sabe que chegou a hora de inverter esta situação. Já não está obcecada com a diferenciação de produtos, mas com fazer a diferença. Actualmente, está a abalar novamente a indústria desportiva, desta vez porque produz bens melhores. A Nike Plus é uma comunidade *online* revolucionária, lançada em 2006, e, de acordo com a *Wired*, «mais de 1,2 milhões de corredores... já percorreram em conjunto mais de 130 milhões de milhas e queimaram mais de 13 mil milhões de calorias». (8) Se lhe derem uma pequena oportunidade, a Nike Plus vai trabalhar furiosamente para o transformar num corredor melhor. A comunidade oferece aulas de treino, facilita o estabelecimento de objectivos, cria um horário de corridas, permite-lhe competir com outros corredores e trocar dicas de corrida com outros. A Nike diz que o Nike Plus é o maior clube de corrida do mundo, mas é muito mais do que isso. É um motor turbo que aumenta a elegância das pessoas, permitindo que os consumidores obtenham muito mais saúde, sempre que correm. Os *bens melhores* reflectem algo melhor: o objectivo da Nike com o Nike Plus é ajudar todos os clientes a ser melhores corredores.

Simon Pestridge, o director de *marketing* da Nike no Reino Unido, falou à revista *Revolution* sobre a grande mudança da Nike da diferenciação superficial para o acto de fazer a diferença: «Estamos aqui para permitir que os nossos atletas obtenham ainda melhores resultado.» Essa primazia na diferença significa que, de acordo com Pestridge, «já não fazemos publicidade. Só fazemos coisas fixes. Parece um pouco arrogante, mas é assim que funciona. A publicidade resume-se a conseguir sensibilização e já não precisamos de sensibilização. Precisamos de ser parte da vida das pessoas». (9) Ser parte da vida das pessoas significa criar valor consistente com interesse em termos humanos.

Roberto Tagliabue, do laboratório técnico da Nike, numa entrevista ao perito em inovação, Sam Lawrence, explicou que a Nike Plus «se interessa menos pela Nike e mais por si, o atleta. Agora, o utilizador está no centro das atenções e a Nike está ali para lhe proporcionar experiências que o tornem melhor». ([10]) Voltamos à palavra-chave: *melhor*. Stefan Olander, o vice-presidente dos desportos digitais da Nike, disse à revista *Time*: «No passado o produto era o ponto final da experiência do consumidor. Agora, é o ponto de partida.» ([11]) As sapatilhas são apenas o ponto de partida: bens melhores são o que transforma os *outputs* em resultados. A Nike está a ter uma mentalidade que cria valor consistente.

A Nike Plus, uma das plataformas-chave do crescimento da Nike para a próxima década, está construída desde a base para se traduzir em *outputs* – sapatilhas – com resultados tangíveis a nível humano, porque melhoram o bem-estar. As concorrentes, como a Adidas e a Puma, estão a ter dificuldades porque perseguir uma diferenciação cada vez mais insignificante, cada vez menos rentável, fazer edições limitadas, para consumidores muito específicos, produzidos em centenas de cores diferentes e, depois, publicitados furiosamente, são medidas que estão a eliminar a rentabilidade dos seus negócios. Por outro lado, a Nike está a mudar a definição da diferenciação. Em 1997, de acordo com o *New York Times* e com o *Ad Age*, gastou 55 por cento do orçamento publicitário em anúncios tradicionais. Em 2007, um ano depois de a Nike Plus ter sido lançada, esse valor baixou para apenas 33 por cento, uma redução de mais de 50 por cento. ([12]) A Nike está a investir cada vez menos na maior despesa desta indústria: o mega *marketing* tradicional, como parte de um esforço concertado para se focar em iniciativas como a Nike Plus, de onde provém um rendimento maior por cada dólar que investe. Através dessas receitas mais acentuadas, ganhas não pela diferenciação, mas por fazer a diferença, a Nike espera dominar outra década de crescimento histórico.

Lutar para fazer a diferença e não para procurar a diferenciação suplanta os rivais ortodoxos. Muitas empresas prometem melhores resultados do que as pessoas *poderiam* alcançar. (Psst! Compre esta pasta de dentes e a namorada ou namorado dos seus sonhos vai cair-lhe nos braços!) Escusado será dizer que não acontece com muita frequência. A base da concorrência não mudou na realidade. A Nike, pelo contrário, está a alterar a base da concorrência no seu sector.

A nova base, porque gera mais rendimentos, não é um *marketing* mais luxuoso, uma distribuição mais alargada nem produtos mais inovadores (são apenas o ponto de partida, lembra-se?), mas clientes em melhor forma e ajudá-los a garantir que obtêm melhores resultados. *Garantir* é a palavra-chave. Embora prometam uma relação melhor, nem a Crest, a Colgate nem a Aquafresh estão a trabalhar para garanti-la; mas a Nike Plus garante melhores exercícios e capacidades atléticas do que a Adidas ou a Puma. Em vez de investir na diferenciação, a Nike está a investir na diferença. Em vez de investir nos anúncios tradicionais, a Nike está a investir em bens melhores porque redefinem o que significa ser competitiva.

Bens melhores transformam *outputs* em resultados, que têm um impacto positivo numa ou mais das quatro categorias do bem-estar: a física, a social, a económica e a mental. Eis o que significam e como os capitalistas construtivos estão a fazer a diferença em cada uma delas.

BEM-ESTAR FÍSICO

Para conseguir afectar a categoria do bem-estar físico, tem de se perguntar: tornamos as pessoas mais saudáveis fisicamente, ficam em melhor forma e ajudamo-las a viver mais tempo? Ajudamo-las a fazer exercício regularmente, a ter uma dieta equilibrada e a descansar o tempo devido? Ajudamo-las a ter uma melhor higiene e limpeza?

Por exemplo, o bem-estar dos consumidores é a última coisa que passa pela cabeça dos retalhistas de restauração ortodoxos. Estão preocupados com a movimentação dos produtos, não dão qualquer importância ao facto de estes estarem cheios de conservantes ou de gorduras saturadas. *Caveat emptor*: as informações nutritivas estão no rótulo e é até aí que vai a nossa responsabilização, diz a Big Food.

Até que apareceu a Whole Foods. Como é que a Whole Foods lançou uma revolução num sector alimentar desprevenido? Simples, centrando-se no bem-estar físico. A Whole Foods construiu do zero uma organização focada não no produto, mas no bem-estar dos clientes, em guardar e vender alimentos que soubessem melhor e *tornassem* os clientes mais saudáveis.

A Whole Foods está longe da perfeição. Por exemplo, o famoso editorial do director executivo John Mackey, no *Wall Street Journal*, em que criticava tenazmente o plano de saúde nacional, defendendo, em alternativa, uma maior desregularização no sistema de saúde, enfureceu os clientes e foi motivo de protestos. ([13]) E, de acordo com a revista *Mother Jones*, um dos objectivos estratégicos internos da Whole Foods é ser «100 por cento livre de sindicatos». ([14]) Aumenta a tensão quando intervém em sinais de acções colectivas por parte dos empregados e recusa-se a reconhecer os sindicatos mesmo quando os trabalhadores se organizam.

Contudo, ser construtivo não é ser perfeito, é ser melhor. Apesar das muitas deficiências, independentemente dos ensinamentos políticos da gestão do topo, o que a Whole Foods está empenhada em fazer – e que os concorrentes da era industrial não estão – é atentar no bem-estar físico dos seus clientes. Esse compromisso começa por uma lista de ingredientes proibidos, como corantes e sabores artificiais. Prossegue com uma gama de produtos explicitamente destinada a uma melhoria da saúde e com uma experiência de venda concebida para ajudar as pessoas a fazer melhores escolhas alimentares, com melhor informação sobre a origem e os benefícios dos diferentes produtos. Termina com aulas nas lojas, *workshops* e seminários sobre comida, bebidas e como viver melhor, para maximizar o bem-estar físico.

No passado, a Big Food encarou a Whole Foods como o *hippie* que protestava pela paz à porta de um edifício empresarial. Actualmente, a Big Food está a tentar desesperadamente acompanhar, imitando todas as inovações da Whole Foods. Basta perguntar ao Tesco, que investiu centenas de milhões na Fresh & Easy Neighborhood Market. Mas a Whole Foods consegue manter-se um passo à frente dos seus imitadores de forma consistente. A Fresh & Easy, por exemplo, foi uma desilusão relativa para o Tesco, porque exigiu gastos significativos com *marketing* para desencadear um crescimento significativo. Porquê? Porque é muito frequente que os imitadores estejam a fingir. Se os concorrentes não seguirem as políticas da Whole Foods, os alimentos que têm disponíveis nas lojas «saudáveis» podem não ser muito diferentes em termos de ingredientes e de conteúdo nutricional do que aqueles que existem nas lojas «pouco saudáveis». Não captaram o segredo da Whole Foods: apesar das muitas falhas, não está no negócio de *outputs*, nem nunca esteve. O segredo está no negócio dos resultados, e o que os leva a vender não são os bens, são os bens melhores. Todos os produtos, os serviços e as lojas devem dar primazia à saúde, porque os alimentos são só um meio para atingir um bem-estar físico mais abrangente e valioso.

BEM-ESTAR SOCIAL

Bem-estar social remete para as ligações: qualidade, intensidade, durabilidade e quantidade de relações. Para afectar esta categoria de bem-estar, tem de se perguntar: Estamos a ajudar as pessoas a terem relações melhores? Aumentamos o número de relações das pessoas? Facilitamos relações de maior confiança, com contacto prolongado e maior associação entre as pessoas?

No centro de terceira idade Sunrise, em Edgbaston, no Reino Unido, o chefe emprestou a Wii do filho a um colaborador, durante o fim-de-semana, e nasceu uma revolução. Lia-se no jornal *Independent* que os idosos não conseguiam largar os jogos desportivos da Wii: «O *bowling* tornou-se o jogo mais popular no lar. Barrie Edgar, de 90 anos, está a revelar-se uma vedeta. Mr Edgar disse: 'É extremamente competitivo. Estamos todos viciados e realmente colmatou as barreiras entre as gerações.'» [15]

Uma moda para se sentir bem? Pense melhor. O lar de idosos Sunrise é uma empresa gerida pela NYSE que opera mais de quatrocentos lares de idosos em todo o globo. A Wii é parte da rotina diária na maioria dos lares. A Wii foi usada no centro de Alpharetta, Geórgia, e segundo o jornal *Atlanta Journal-Constitution*: «No lar de idosos Sunrise, em Alpharetta, recorremos ao programa de exercício físico da Wii para tornar a hora social, às 15h00, um concurso de karaoke e de dança, em que os residentes pegam no microfone, à vez, para cantar canções de Frank Sinatra e para depois acompanharem os passos de dança inspirados no *hip hop*.» ([16])

Quem teria imaginado que os jogos de vídeo podiam ser um ponto principal da interacção social em família ou entre os mais idosos em lares? As concorrentes, como a Sony e a Microsoft, não imaginaram: concentraram-se em jogos cada vez mais complexos a nível técnico, com gráficos mais pesados e conteúdos sem significado. Pelo contrário, a Wii lançou uma revolução no bem-estar social e redefiniu completamente o sector. No passado, os jogos de vídeo eram actividades levadas a cabo por miúdos em isolamento. O objectivo da Wii era tornar novamente os jogos divertidos para as pessoas, converter os jogos de vídeo em pontos focais de interacção social para todos, desde góticos, a raparigas e aos avós. O *Wii Sports, Wii Play, Tetris Party, Rayman Raving Rabbids, Mario Kart* e *Mario Party* são todos «jogos de festa». São experiências partilhadas, cujo objectivo é melhorar o companheirismo entre pessoas de todas as idades. A Wii agradou ao lar Sunrise pelas mesmas razões que ganhou novos adeptos em residências de estudantes, em jogadores de núcleo duro, em fisioterapeutas e também em pessoas comuns. Os jogos da Wii são mais estimulantes, mais divertidos e mais benéficos, porque dão primazia ao bem-estar social. É a concentração clara nos resultados que ajudou a Wii e relegar a PlayStation 3 e a Xbox 360 para segundo e terceiro lugares e a construir uma base muito mais abrangente, a um ritmo que impressionou a Sony e a Microsoft.

Eis uma nota final sobre a Wii, cortesia do *Denver Daily News*: «Bill Alderson, de 87 anos, em representação dos San Marino Strikers, disse que o *Wii Sports* permitiu que ele voltasse a divertir-se. Afirmou já não sentir tanta alegria desde que a esposa, Dixie, faleceu há mais de três anos.» ([17]) Comovente e poderoso. Isso sim é afectar de forma positiva os resultados e criar ainda mais valor *relevante*. Com que frequência as empresas da era industrial fazem a diferença desta maneira, nem que seja uma *única vez*, já para não dizer de forma consistente, como a Nintendo? Infelizmente, quase nunca.

BEM-ESTAR ECONÓMICO

O bem-estar económico implica ajudar os outros a tornarem-se mais produtivos e eficientes. Para conseguir afectar esta categoria, tem de se perguntar: os nossos produtos e serviços são utilizáveis? Com que facilidade conseguem as pessoas explorá-los ao máximo, sempre que os usam? Estamos a tornar as pessoas mais seguras quanto à volatilidade e insegurança económica?

O bem-estar económico não se resume simplesmente a vender às pessoas produtos e serviços a baixos preços, porque é frequente que essa prática só leve a mais custos de aprendizagem, manutenção e substituição. O dinheiro que poupa, se optar por comida de plástico toda a vida, por exemplo, seria provavelmente contrabalançado com custos de substituição de índole bastante grave. Pelo contrário, bem-estar económico significa oferecer, a um preço equivalente, ganhos maiores e mais duradouros aos clientes.

Tome como exemplo o Centro de Aprendizagem Digital da Canon. Aprender a tirar óptimas fotografias é um processo difícil e os manuais cheios de termos técnicos que a maioria das máquinas contêm causam mais prejuízo do que ajudam. Normalmente, o processo para nos tornarmos melhores fotógrafos envolve milhares de fotografias, dezenas de livros e muito dinheiro. No Centro de Aprendizagem Digital pode procurar ajuda técnica, tutoriais, artigos e fotografias. Exibe a maioria das fotos com as variáveis técnicas completas que foram usadas pelo fotógrafo: abertura, foco, velocidade de obturação e afins. Através de artigos de ajuda técnica e tutoriais, também tem a possibilidade de aprender porque é que estas variáveis são importantes e como afectam as fotografias que tira. Pode inscrever-se nos *workshops* e nas aulas de aprendizagem ao vivo da Canon, onde tem oportunidade de aprender competências, praticando. O objectivo da Canon não é simplesmente vender mais máquinas, mas, acima de tudo, converter as pessoas em fotógrafos produtivos, que retiram mais de cada fotografia – uma espécie limitada mas tangível de bem-estar económico, que permanece nas pessoas para toda a vida.

O exemplo mais radical de bem-estar económico é talvez a iniciativa Shakti da Hindustan Unilever. Os microempréstimos da Shakti permitiram às mulheres indianas rurais tornar-se microempreendedoras. O resultado foi um estímulo poderoso ao bem-estar económico. Antes, as mulheres rurais estavam à mercê das condições atmosféricas, das suas comunidades e maridos. Os microempréstimos e o microempreendedorismo ajudaram a subtraí-las da insegurança económica e deram-lhes oportunidade de auferir um rendimento estável e de duplicar os rendimentos médios. Criou-se novo bem-estar económico onde era inexistente.

BEM-ESTAR MENTAL

Para abordar a categoria de bem-estar mental, tem de se perguntar: tornamos as pessoas mais saudáveis a nível mental? Aliviamos a ansiedade, a tensão e a pressão a que estão sujeitas? Oferecemos melhor saúde mental às pessoas? Melhoramos as suas capacidades de raciocínio, ponderação, memória e discernimento?

Pense rapidamente na fonte mais improvável de bem-estar físico que possa imaginar. Os candidatos perfeitos são os jogos de computador que, de acordo com três gerações de pais, nos tornam estúpidos. Nos anos 80, quando os jogos tinham como objectivo disparar contra invasores do espaço ou, nos anos 90, mortos-vivos, talvez os nossos pais tivessem razão.

Mas, agora, já não têm. Para além de ser uma fonte de bem-estar físico, a Wii é uma fonte de bem-estar social. É apenas uma frente na guerra da Nintendo contra os negócios sem significado. A Nintendo foi pioneira no género de «jogos mentais», com ambas as plataformas, a Wii e a DS. Jogos como *Brain Age, Big Brain Academy* e *Dr. Kawashima's Brain Training* dão, tanto aos jovens como aos idosos, a oportunidade de exercitarem os músculos mentais. Embora os estudiosos ainda duvidem de que os jogos mentais tenham um impacto duradouro no aperfeiçoamento das capacidades de discernimento e memória, o que conta é o propósito da

Nintendo: jogos mentais são a expressão viva do foco da Nintendo para tentar obter um resultado positivo e humanamente tangível. Para a Nintendo, as recompensas de dar esse passo foram tremendas. O Brain Age, o maior êxito da Nintendo nos últimos anos, vendeu mais cópias do que os jogos mais rentáveis para a Xbox 360 e para a PlayStation 3, em conjunto.

Observe, por momentos, um cenário mais abrangente que consubstancia a revolução da Nintendo. A Sony e a Microsoft queriam que a PlayStation 3 e a Xbox 360 fossem o que os peritos em tecnologia chamam «centros de estilo de vida digital» – locais para passar tempo e consumir mais coisas sem significado, sem importância. A Nintendo, pelo contrário, queria que a Wii e o Gameboy DS se tornassem centros criadores de bens melhores – jogos que deixassem as pessoas em melhor forma física, social e mental. Apenas há cinco anos, depois do fracasso dispendioso do GameCube, o futuro da Nintendo era incerto. Actualmente, essa atenção persistente em ser significativamente mais construtivo do que os rivais foi o que estimulou o regresso notório da Nintendo ao trono dos jogos de vídeo. A que distância estão a Sony e a Microsoft? A Nintendo vendeu quase tantas Wii como a Microsoft e a Sony venderam PlayStation 3 e Xbox 360, em conjunto.

SÍNTESE

Se, num mundo hipercompetitivo, onde milhares de produtores conseguem fornecer a baixo preço qualquer coisa, em qualquer altura, em qualquer lugar, continuar simplesmente a ter como objectivo a mera diferenciação, bem, vai perder o jogo. A vantagem do século XXI exige que redescubra o que é significativo e que se livre do que não é. Algures há uma empresa mestre em socioeficácia, criadora de felicidade real, uma virtuosa de impacto positivo, capaz de transformar *outputs* em melhores resultados e de tornar os rivais irrelevantes. A não ser que consiga fazer alguma diferença, mais cedo ou mais tarde, não espere nada mais do que a indiferença das pessoas, das comunidades e da sociedade. Eis uma rápida lista de verificação para ponderar sobre este assunto. Pergunte-se:

- Como a maioria, ainda está provavelmente só a diferenciar o «produto», para obter variação superficial num universo homogéneo de substitutos em grande parte semelhantes. Vá mais longe: qual é o seu impacto? Que tipo de resultados obtém com os seus *outputs*? Positivos ou negativos? Os produtos ou serviços que produz têm algum efeito no bem-estar das pessoas, comunidades, sociedade ou gerações futuras? O que está a fazer é significativo em termos económicos reais?

- Que resultados podiam e *deviam* os seus *outputs* produzir? Em que categorias de bem-estar *devia* estar a ter um impacto positivo? Que tipos de bem-estar são mais escassos – e, consequentemente, mais valiosos – quando atenta ao pormenor no dia-a-dia dos seus clientes?

- De que forma pode ajudar a assegurar que todos alcançam resultados tangíveis e positivos? Como pode fazer alguma diferença para cada comprador, fornecedor e cliente?

- Que tipo de bens melhores – pacotes de apoio, produtos e serviços que cuidem do cliente – consegue imaginar-se a produzir, transformando *outputs* naturais e inertes em resultados? O que poderia traduzir *produtos* em *impacto* positivo, duradouro e significativo?

SÉTIMO CAPÍTULO

Sexto Passo:

Estratégia Construtiva
DE CRESCIMENTO ESTÚPIDO A CRESCIMENTO INTELIGENTE

Conseguiu tornar-se uma empresa do século XXI. Cadeias de valor lineares? São coisas do passado. (Re)produz em ciclos de valor circulares. Não institui proposições de valor; mantém conversações de valor. Os seus primeiros princípios de criação de valor estão inscritos numa filosofia concisa. Perfeição – e não protecção – é o fim que procura. E não produz bens inertes e básicos: cria bens melhores.

Parabéns, resistiu à escalada. Bem-vindo ao cume. Instituições e fundamentos: a Economia é a base que se constrói sobre elas. Mas o topo do capitalismo é o crescimento. Resume-se a isso para dominar as novas fontes de vantagem e os fundamentos sobre os quais se baseiam. O sexto passo para se tornar um capitalista construtivo – *delinear uma estratégia construtiva* – é o toque final para ultrapassar o *status quo* da era industrial: aprender a esculpir um novo topo.

★

No início deste livro, discuti o legado da grande crise do início da primeira década do século XXI. Não se trata de bancos, de bónus, de resgates, mas de fundamentos. Os fundamentos institucionais do capitalismo da era industrial estão a esforçar-se para suportar uma verdadeira prosperidade. Em vez disso, alcançaram-se receitas cada vez mais diminutas ao mais alto nível macroeconómico. Analise atentamente o crescimento – em si mesmo, uma medida tendenciosa de prosperidade – para ver que este tem vindo a abrandar de forma consistente e fiável, não apenas durante os últimos cinco anos, mas durante os últimos cinquenta. O modelo de crescimento do passado atingiu os seus limites: a prosperidade está vacilante e enfraquecida, deformada e em ruptura.

Incompreensível: porque está o crescimento em declínio, quando o capitalismo da era industrial se espalhou pelo globo? Afinal, o crescimento – a capacidade de potenciar maior plenitude – é o que torna o capitalismo superior em relação aos tipos de organização económica que o antecederam ou desafiaram, quer tenha sido o socialismo, o feudalismo ou o mercantilismo. É o que torna o capitalismo historicamente único, desejável para a sociedade e poderoso para as pessoas.

Eis o segredo: nem todo o crescimento se gera da mesma forma. Bernie Madoff desenvolveu um fundo de investimento durante décadas, até se descobrir que esse crescimento era um esquema Ponzi. No século XVI, a Espanha descobriu uma montanha de prata no Peru e, em vez de a investir, limitou-se a cunhar milhões de moedas. O resultado foi um aumento rápido de crescimento inflacionário e dois séculos de estagnação. A Arábia Saudita tem um mar de petróleo, mas não conseguiu criar uma universidade, uma instituição financeira ou uma indústria especializada de classe mundial. O seu crescimento irá sobreviver à riqueza petrolífera? A lição é que alguns tipos de crescimento valem mais do que outros.

O crescimento da era industrial é, permito-me sugerir humildemente, «estúpido». Trata-se de crescimento que, no fundo (não apenas a nível ambiental), é insustentável, porque é autodestrutivo a nível local, global e económico. Respectivamente, exige que os pobres subsidiem os ricos, para que os ricos possam consumir cada vez mais coisas efémeras e passageiras, produzidas através da economia de receitas decrescentes da era industrial. São estes os resultados inevitáveis da busca intensificada de valor reduzido a uma escala global. O lendário especialista em obrigações, Bill Gross, da PIMCO, explicou o crescimento estúpido da seguinte forma: outrora «enriquecíamos porque fazíamos coisas, não papel». Mas em vez disso, durante as últimas décadas, «estávamos, efectivamente, a esgotar o nosso futuro produtivo às custas de papel inútil como os créditos de alto risco, as *dotcoms* ou, em parte, acções de grande valor». ([1]) Esse é o exacto oposto de inteligência.

As três facetas do crescimento estúpido são os três novos desafios estratégicos a que o capitalismo e os capitalistas do século XXI têm de responder. Actualmente, as empresas já não conseguem prosperar vendendo exclusivamente aos ricos produtos nocivos, que diminuem as receitas, subsidiadas pelos pobres, porque este processo é cada vez mais autodestrutivo para as pessoas, as comunidades, as sociedades, o meio ambiente e as gerações futuras. O novo ambiente da macroeconomia para o século XXI é um amante mais cruel do que o do século XX. A definição de prosperidade para o capitalismo da era industrial não foi construída para durar. Gostaria de sugerir que chegou o momento de redefinir prosperidade e crescimento para o século XXI. Se tivesse de esboçar as linhas mais simples de tal definição, eis como as exporia: o crescimento inteligente aumenta as receitas dos investimentos nos que estão em pior situação e vence o crescimento estúpido, diminuindo as receitas do consumo dos que estão em melhor situação económica.

Enquanto o crescimento estúpido da era industrial é um crescimento de valor reduzido e de baixa qualidade, o crescimento «inteligente» é um crescimento de valor consistente de alta qualidade. Pense num riacho que transborda e compare-o com a barragem Hoover que rebentou: é essa a diferença entre o crescimento de valor reduzido e consistente. O crescimento inteligente verifica-se quando as poupanças (não o excesso de consumo) são investidas por quem está em melhor situação económica naqueles que passam por mais dificuldades (em vez de o capital se movimentar na direcção contrária), em activos governados pela lógica de rede de aumentar as receitas (em vez de diminuir as receitas dos activos, como fábricas, motores de combustão ou comida de plástico).

As empresas capazes de alcançar um crescimento inteligente ascendem ao topo da economia do século XXI: constroem as fundações mais altas e fortes de vantagem, assentes nos fundamentos que tenho vindo a expor. No passado, a Nike, a Google, a Walmart e a Apple eram potenciadas por um crescimento estúpido. Hoje em dia, todas começam a ser potenciadas por um crescimento inteligente, nunca de forma perfeita, total ou absoluta; mas, pelos vistos, de forma suficiente para lhes permitir avançar para um novo nível de sobredesempenho. Os seus exemplos revelam o que é inteligente no crescimento que apresentam. Como assenta numa espécie mais forte de valor, mais resistente à queda e ao colapso, o crescimento inteligente é mais forte, duradouro e valioso para as pessoas, as comunidades, a sociedade e as gerações futuras. É isso que a Adidas, a Yahoo!, a Target, a Gap e a Sony – concorrentes que ainda almejam um crescimento estúpido – estão a descobrir da forma mais difícil.

A estratégia construtiva é a arte de redesenhar os limites da prosperidade, tornando *inteligente* o *crescimento estúpido*. Os capitalistas da era industrial têm estratégias competitivas; o seu objectivo comum é maximizar o crescimento do valor dos accionistas. Pelo contrário, os capitalistas construtivos têm *estratégias construtivas*. O seu objectivo é maximizar o crescimento do valor consistente e, assim, gerar crescimento inteligente.

Uma estratégia construtiva define a forma como uma organização vai obter sobredesempenho competitivo, tornando-se radicalmente mais *útil* do que os concorrentes para as pessoas, as comunidades, a sociedade e as gerações futuras. O resultado de todas as estratégias construtivas bem-sucedidas é uma destruição do *status quo* pela base, não apenas no valor de crescimento, mas também na qualidade.

As estratégias construtivas de êxito surgem quando se aplicam as novas fontes de vantagem para obter o máximo efeito: eliminar a máxima quantidade de malefícios económicos. Os seus grandes mestres alcançam a vitória criando maior valor da *mais alta qualidade*, realizando a vantagem mais construtiva e fomentando o crescimento mais *inteligente*.

O JOGO DE TABULEIRO

Como pode delinear a sua estratégia construtiva, recorrendo ao jogo de tabuleiro do capitalismo construtivo (ver figura 7-1).

FIGURA 7-1
O jogo de tabuleiro do capitalista construtivo

Jogadas construtivas					
Diferença	Epifania Consciência				Nike, Apple, Better Place, Nintendo
Criatividade	Verdade			Whole Foods	Walmart
	Independência			Shakti	
	Compaixão			Starbucks	
Resistência	Generosidade				Lego
	Ajuste				Google
Capacidade de resposta	Capacitação	Findthefarmer, Jelli			
Vantagem de prejuízo	Objectivo	Threadless			
	Sentimento de unidade	Le Labo			
	Persistência	Interface			
		Crescimento local inteligente	Crescimento global inteligente	Crescimento económico inteligente	

Valor marginal mais consistente (topo)

Cenários competitivos (base)

É uma ferramenta flexível que pode ser usada de várias formas. Criei-a para dar vida à *prática* de um capitalista da nova geração, para saltar para o nível seguinte de vantagem. Não é uma varinha de condão, uma panaceia nem uma bala de prata, mas, na qualidade de mapa de espaço de estratégia da nova geração, o jogo de tabuleiro pode ajudá-lo a pensar de forma estratégica *como, onde* e *o porquê* de *competir* no panorama económico radicalmente diferente do século XXI. Pode recorrer a ele para detectar que concorrentes imediatos estão a tornar-se competidores da próxima geração e quais não estão. Pode acompanhar e monitorizar as novas jogadas competitivas que estão a ganhar força em certos sectores. Ou pode usá-lo directamente para começar a tornar-se construtivo causando impacto.

O jogo processa-se em duas fases: (1) escolher um novo cenário competitivo, tomar uma decisão concreta em relação à zona em que vai competir; e (2) no cenário que escolher, optar por um golpe construtivo — tomar uma decisão específica em relação a *como* vai competir para causar maior impacto.

Vamos explorar cada passo individualmente. Lembre-se, se quer causar *verdadeiro* impacto, pense activamente nas falhas da sua empresa, indústria ou sector, enquanto lê.

ESCOLHER UM CENÁRIO COMPETITIVO

No eixo x do jogo de tabuleiro encontram-se três novos cenários de crescimento inteligente: crescimento local inteligente, crescimento global inteligente e crescimento económico inteligente. Sendo que o crescimento inteligente é o objectivo que todas as estratégias construtivas pretendem alcançar, são também os três cenários da competição do século XXI, por ordem aproximadamente ascendente de criação de valor potencial, estando o mais forte – o crescimento economicamente construtivo – à direita. Se não estiver a ser competitivo em nenhum deles, seja bem-vindo de volta ao século XX: tem os seus dias contados. Eis o que forma a concorrência em cada cenário e como escolher o tipo de crescimento a adoptar.

CRESCIMENTO LOCAL INTELIGENTE

O crescimento estúpido é localmente autodestrutivo para as pessoas, para as comunidades e para os países porque não se baseia em investimento mas, pelo contrário, em excesso de consumo. Na primeira década do século XXI, os EUA foram o cúmulo do crescimento autodestrutivo: o consumo desenfreado de casas, de carros, de aparelhos e a incapacidade de investir em melhor educação, serviços de saúde, energia, meios de transporte, fábricas, *software* ou alimentos resultaram numa crise inevitável. Nos países desenvolvidos, era frequente associar-se o crescimento simplesmente ao aumento cada vez maior do consumo no presente, preterindo a sedimentação de um futuro melhor.

Ao passo que o crescimento do século XX se baseou no consumo, o crescimento do século XXI baseia-se no investimento. Ser construtivo a nível local implica dar poder às pessoas e às comunidades para que invistam em si mesmas, a nível local, literalmente, em vez de consumirem meramente cada vez mais produtos descartáveis e, em última análise, autodestrutivos.

No passado, os pobres da Índia tinham de gastar dinheiro todos os dias em pequenos autocarros de gestão privada, proporcionalmente caros e com fraca regulação. Eram forçados a ter gastos *ad hoc* com os meios de transporte. Actualmente, podem investir num *Nano*. Um carro é um bem, um investimento, desvaloriza, pode ser vendido e é contabilizado no balanço da gestão de um lar. No passado, as multinacionais vendiam produtos aos indianos. Hoje, a iniciativa Shakti ajuda os indianos pobres das zonas rurais a investirem neles próprios, concedendo microempréstimos, formas de inventariação e formação empreendedora, para que possam tornar-se microempreendedores detentores da gestão. Ambos são exemplos de crescimento construtivo local que devem ser estudados.

Para se tornar construtivo a nível local, pergunte-se se está a fomentar o investimento nas pessoas e nas comunidades em vez de as direccionar para o consumo. Tudo o que vende pode ser considerado um investimento que as pessoas e as comunidades estão a fazer nelas próprias? Se assim não for, o que pode fazer para que isso aconteça?

CRESCIMENTO GLOBAL INTELIGENTE

O crescimento estúpido é globalmente autodestrutivo para os países, para as sociedades e para os continentes porque exige que os pobres subsidiem e financiem os ricos. De acordo com estes termos, o capital movimenta-se ao contrário: *dos* mercados emergentes, como a China e a Índia, *para* os países desenvolvidos, como os EUA ou o Reino Unido, para fomentar ainda mais consumo exagerado de produtos efémeros. O crescimento dos países em vias de desenvolvimento acaba por depender do consumo exagerado nos países desenvolvidos, e o crescimento dos países desenvolvidos depende, em última instância, dos empréstimos aos países em vias de desenvolvimento. Porém, esse jogo das cadeiras, esse ciclo de co-dependência não pode continuar indefinidamente, porque as nações em vias de desenvolvimento acabam por estar apenas a reciclar os dólares e as libras que as nações desenvolvidas ganham. Mas o crescimento que exige aos pobres que emprestem aos ricos para conseguirem sustentar o consumo deixa morrer à fome ambas as partes do investimento significativo. E, portanto, os fundamentos da era industrial não estão a apoiar uma prosperidade realmente partilhada.

Ao invés, o crescimento construtivo global verifica-se quando os ricos investem nos pobres, para que *ambos* possam investir no futuro. Pondere na diferença em termos do modelo de negócio preferido dos finais do século XX. No passado, a jogada preferida de todos os directores executivos era recorrer a *offshores* para o *design*, a produção e talvez até para a atribuição de serviços a preço mais baixo aos países mais pobres. É evidente que o rendimento que os países mais pobres geram é inseguro, volátil e tem de voltar a ser emprestado aos países ricos para fomentar o consumo que levou ao crescimento, antes *de mais*, caso contrário, não haverá ninguém que consuma os produtos. O fim do jogo é uma crise de desemprego e de capacidades nos países desenvolvidos e uma perda de plenitude nos países pobres.

Em vez disso, as empresas do século XXI procuram tornar os produtores a *baixo preço* em produtores de valor *consistente*: investem neles, com eles e para eles. Porquê? Porque, quando os produtores a *baixo preço* se tornam produtores de valor *consistente,* criou-se valor líquido para os pobres, e a economia global deixa de ter de depender do consumo exagerado dos países ricos, financiado pelos países pobres, para apoiar um castelo de cartas. Em última análise, só quando *todos* estiverem numa melhor posição sustentável é que o maior consumo e o crescimento mais equilibrado se tornarão sustentáveis.

Porque está a Starbucks a investir bastante no comércio justo, que paga um prémio pelos preços de mercadoria de café? Porque pagar um prémio oferece aos produtores de café a baixo custo a oportunidade de investirem neles próprios e talvez de se tornarem artesãos de café altamente valorizados que, por sua vez, têm a capacidade de aproveitar níveis mais altos de consumo. O capital começa (certamente, é uma pequena gota, mas é um início) a fluir de forma duradoura dos ricos para os pobres, de acordo com o novo modelo da Starbucks, para que os pobres possam ajudar a fomentar e também desfrutar de uma prosperidade verdadeiramente partilhada. Para se tornar construtivo a nível global, pergunte-se: o resultado derradeiro – não apenas o imediato – daquilo que produz está a influenciar a movimentação do capital dos ricos para os pobres, em vez de fazer o contrário? Está a investir ou a sufocar fornecedores de países em vias de desenvolvimento? Está a ajudá-los a construir competências que os podem tornar melhores de forma duradoura ou está a tratá-los como mercadorias de baixo custo? O que está a fazer para inverter o ciclo vicioso que consiste em emprestar aos pobres para dar aos ricos?

CRESCIMENTO ECONÓMICO INTELIGENTE

O crescimento estúpido é economicamente autodestrutivo porque as empresas da era industrial eram dominadas por uma economia de receitas decrescentes: quanto *mais* recursos forem usados, *menos* valiosos se tornam e mais intensamente desvalorizam. As fábricas e a maquinaria esgotam-se. A propriedade intelectual torna-se obsoleta. Os anúncios atingem rapidamente o ponto de saturação. A própria balança atinge receitas decrescentes: pode vender toneladas de mais *widgets*, mas cada um vai ser menos lucrativo do que o anterior. O consumo em si mesmo realiza receitas abruptamente mais reduzidas quando pesado em termos de felicidade.

Era o que acontecia no passado. Actualmente, os inovadores radicais estão a construir negócios do século XXI a partir da economia de rede do aumento da receita. Quanto *mais* os recursos forem usados, *mais* valiosos se tornam; mais serão apreciados. Ser construtivo a nível económico verifica-se quando a era industrial exausta e débil das receitas decrescentes é substituída por receitas que aumentam e que são imensamente sustentáveis.

Acha que é ficção científica? Está a tornar-se realidade em Beaverton, Oregon. Quanto mais os atletas se aperfeiçoarem, usando os Nike Plus, mais depressa vão estragar as sapatilhas. Quanto mais depressa os corredores profissionais estragarem as sapatilhas, mais irão beneficiar do desenvolvimento consistente da Nike: sapatilhas tecnologicamente mais avançadas e mais resistentes. No futuro próximo, quanto mais rapidamente a Nike conseguir voltar a fabricar essas sapatilhas, mais baixos serão os preços base. Está a tornar-se um negócio fomentado pelas receitas ascendentes em relação à utilização das sapatilhas e não apenas um negócio fomentado pela redução de receita na produção de sapatilhas. A Nike é um conceito extraordinário de empresa do século XXI, pela combinação de recursos puramente físicos com a lógica de rede para aumentar receitas.

Tal como a Nike, a Walmart está a lutar por construir uma empresa do século XXI baseada numa economia em rede em que a receita aumenta. Quando compra bens ou serviços da Walmart construtiva, esses produtos vão beneficiar o ambiente. Dado que os recursos naturais se repõem, tornam-se mais baratos, permitindo à Walmart baixar ainda mais os preços, dando ao consumidor um óptimo incentivo para comprar mais bens e serviços na Walmart. O objectivo da Walmart é desbloquear um ciclo vicioso, em que o valor mais consistente gere receitas ascendentes. Essa é a teoria, claro, e o grande e real desafio da Walmart, ao longo da próxima década, é descobrir como dar a volta ao seu ciclo de valor, trazendo-o de volta à vida de forma bem notória; porém, a questão mais profunda é que, para lá chegar, a Walmart teve primeiro de dar um salto mental imenso, tornando-se mais inteligente, *procurando* uma espécie de crescimento mais inteligente.

Para se tornar construtivo a nível económico, pergunte-se: ainda é dominado pela mentalidade económica da era industrial das receitas em queda? Como pode mudar para uma economia em rede em que a receita aumenta? De que forma pode melhorar os produtos, serviços ou recursos utilizando-os cada vez *mais*? Em qual dos novos cenários de concorrência está a competir? Está a competir para obter um crescimento inteligente local, global ou, o mais poderoso, económico?

ESCOLHER UMA JOGADA CONSTRUTIVA

Todos os revolucionários precisam de algo para revolucionar, situações que sejam horríveis, terríveis, bem, que sejam *estúpidas*. As novas fontes de vantagem são aplicadas com o máximo efeito quando eliminam o maior, mais intenso e mais duradouro malefício económico. Essa perturbação acontece quando a construção elimina o máximo de destruição: quando novos fundamentos são levados a locais e a espaços onde emprestar benefícios e transferir custos para as pessoas, as comunidades e a sociedade sejam práticas comuns. A estratégia construtiva causa mais impacto quando atinge um excedente crescente de destruição, porque é nesse momento que a maior parte de malefícios económicos pode ser evitada e transformada em valor autêntico, significativo e sustentável. Em resumo, trata-se da arte de converter o valor mais reduzido em valor mais consistente, e, portanto, o crescimento estúpido torna-se inteligente. Pode considerar esta noção a nova equação para a revolução económica: a perturbação que gera equivale à construção menos a destruição que os seus rivais mais temidos infligem às pessoas, comunidades, sociedades e gerações futuras.

No jogo de tabuleiro do capitalismo construtivo, os valores do eixo y estão em ordem ascendente de potencial impacto; são onze jogadas construtivas (ver figura 7-1). No seu cerne encontram-se pontos vitais. Pense neles como o sistema nervoso do valor reduzido: são espaços e lugares onde os fundamentos da era industrial estão a gerar o valor mais reduzido e, portanto, indicam onde o valor marginal mais consistente pode ser criado. Cada jogada construtiva é uma forma diferente de começar a destronar o dogma esgotado da era industrial, tornando valor reduzido mais consistente e convertendo-o no equivalente económico de um *sundae* de chocolate duplo, triplo caramelo e *chantilly* extra.

Tal como os grandes mestres de aikido adquiriram mestria num reportório de técnicas que atingem os pontos vitais do sistema nervoso dos oponentes, as características essenciais do jogo de tabuleiro atribuem os danos mais competitivos aos rivais da era industrial, porque dependem directamente de um excedente cada vez maior de dívida profunda. Alterações fundamentais nas escolhas conhecidas e básicas de concorrência, que caracterizam a rivalidade da era industrial, por exemplo, o *sentimento de unidade*, não eram uma jogada competitiva adoptada pelos nossos avós; estas qualidades mostram como destruir os baluartes do crescimento estúpido e torná-lo inteligente. Daí as jogadas construtivas deixarem os concorrentes com uma postura acomodada – cujos negócios assentam frequentemente num sistema nervoso de valor reduzido – impressionados, hesitantes ou paralisados, como um novato atingido no local certo por um mestre de aikido. Passo a explicar como funcionam e como pode começar a concretizá-los.

PERSISTÊNCIA

Onde é que a renovação causa maior impacto? Em cadeias de valor dominadas pelo que é descartável. O sinal revelador é simples: desperdício frequente, consistente e sistemático, dispendioso de eliminar indirecta ou directamente. Em indústrias e mercados em que a mentalidade descartável é crónica, a propriedade profunda – responsabilizar-se por bens e serviços que passaram a ser desperdício e por todo o ciclo de valor – pode alterar drasticamente a forma como o valor é criado e em que direcção vão os lucros. Há muitas empresas que lhe vendem giletes, escovas de dentes, ténis e mobília, mas assim que lhes comprar os produtos, são seus para sempre. Quantas empresas vão aceitar responsabilizar-se para além do ponto em que se consumem os produtos? Quase nenhuma, e é por isso que reverter a lógica descartável é um percurso tão poderoso para repensar uma estratégia. A Interface atacou a mentalidade descartável com o seu programa pioneiro ReEntry e a Nike está a planear fazer o mesmo reproduzindo sapatos. Ambas perceberam que nas cadeias de valor das concorrentes os recursos vão diminuir e vão voltar a ser comprados. Mas, nos ciclos de valor, a mesma reserva de recursos pode persistir, ser preservada e perdurar. Isso é ser inteligente. Portanto, sempre que se deparar com uma mentalidade descartável, inverta-a e procure, em vez disso, a persistência.

SENTIMENTO DE UNIDADE

Onde é que a renovação é também poderosa? Onde houver passos na produção e no consumo que estiverem fragmentados em grandes distâncias. Apresento três sinais reveladores: distâncias enormes que obrigam a gigantescos consumos de energia entre a produção e o consumo, gestão de cadeia de fornecimento elaborada e dispendiosa e risco de inventariação crónica. Movimentando a produção e o consumo para que fiquem o mais perto possível em termos de espaço e de tempo – tornando-se extremamente locais –, estas indústrias têm potencial para criar novo valor. Veja o exemplo dos perfumes. As fragrâncias da era industrial ainda são produzidas em fábricas. Le Labo, uma empresa inovadora no sector das fragrâncias, prepara remessas acabadas de fazer para o cliente na loja, misturando ingredientes mesmo debaixo do seu nariz. A vantagem é obter fragrâncias mais frescas e intensas que oferecem benefícios mais autênticos e substanciais. Le Labo tem um inventário menor, menos riscos e gera menos desperdício. O sentido de unidade significa aproximar o consumo da produção. Quando uma empresa domina essa prática, como a Le Labo está a começar a fazer, o resultado é um valor mais consistente e um crescimento mais inteligente. Portanto, sempre que vir um fosso enorme entre a produção e o consumo, entre compradores e fornecedores, colmate essa distância e procure unidade.

OBJECTIVO

Onde é que a democracia causa maior impacto? Sempre que houver uma falta evidente de capacidade de resposta. Em muitos sectores, os intervenientes parecem incapazes de tomar *qualquer* decisão. Parecem mortos-vivos, caminham profundamente vacilantes e sem objectivos para o trimestre, a temporada ou ano financeiro seguinte com muito pouca intenção ou objectivo. As indústrias adormecidas revelam quatro sinais evidentes: um ritmo muito lento de inovação e falta de novas ideias; clientes apáticos; capital da marca diminuído e maiores investimentos de *marketing*. Veja o exemplo da Gap, uma empresa que durante cerca de uma década lutou simplesmente por fazer vestuário apelativo. Produz em série a mesma coisa, eternamente, enquanto os lucros se evaporam. Como uma morta-viva, a Gap perdeu a inteligência para julgar: não consegue identificar a moda do futuro no presente. Mas a Threadless consegue responder, sem esforço e imediatamente, às mudanças na oferta e na procura, o que deixa a Gap confusa e paralisada. Através do poder da democracia, a Threadless está a despertar uma indústria estagnada e sem actividade, revitalizando o sector de forma marcante, receptiva e com objectivos. Isso é crescimento inteligente: em vez de fabricar produtos em massa sem objectivos e repetidamente, com descontos, a Threadless está propositadamente a gerar ganhos que interessam às pessoas, às comunidades e à sociedade. Portanto, sempre que vir mortos-vivos, não procure uma pistola; em vez disso, construa um púlpito e comece a pregar pela democracia.

CAPACITAÇÃO

Onde é que a democracia também é poderosa? Onde quer que as pessoas, as comunidades e as sociedades sejam prejudicadas economicamente por decisões de gestão não sejam capacitadas nem activa nem consistentemente para ter alguma influência nessas decisões. Seguem-se três sinais reveladores de falta de capacitação: consumidores apáticos, frustrados ou avessos; grupos de interesse e despesas de *marketing* sobredimensionados; e mecanismos de gestão elaborados, autênticos venenos. Não há indústria com mais falta de capacitação do que a da música. As editoras retiravam activamente capacitação aos consumidores, viciando repetidamente as tabelas e pagando benefícios para que as suas preferências chegassem às rádios, processando os consumidores que se revoltassem. Os Radiohead começaram a limpar as redes da masmorra da falta de capacitação, quando deixaram que os consumidores decidissem o preço que se dispunham a pagar pela sua música. Novos serviços como o Jelli, o Last.fm, o Pandora e, claro, o iTunes estão a dar uma reviravolta ao sector, capacitando os fãs de música através da democratização do consumo da música. O resultado? Cada vez mais artistas estão a chegar à conclusão de que não precisam das editoras. Basta perguntar à Madonna e aos U2, que criaram editoras com lucros inteiramente destinados ao Live Nation, um promotor de concertos. Portanto, sempre que se deparar com falta de capacitação, fomente uma democracia profunda.

AJUSTE

Onde é que a resistência causa maior impacto? Não há indicador mais claro de falta de resistência do que um sector desequilibrado, algo que revela o seguinte: «não conseguimos competir só com os nossos méritos». Nessas empresas e mercados, a justiça pode tornar inteligente uma economia estúpida. Eis quatro sinais reveladores de um sector estruturalmente desequilibrado: litigação permanente e dispendiosa, inovações que nunca chegam aos mercados, falta de opções de escolha para o consumidor e efeitos de compressão, pelos quais os compradores ou os fornecedores vão constantemente à falência. A comunicação social é um exemplo crasso: um sector dependente de pagamentos colaterais entre anunciantes e editores, fidelização e obrigatoriedade de conteúdos irrelevantes de publicidade e fixação suave de preços de anúncios e de conteúdos – todas elas formas de vantagem injusta. Os princípios da Google são armas de construção maciça precisamente porque começaram a aniquilar este comportamento pouco ético, dando ao público, aos artistas e aos anunciantes, do mesmo modo, uma alternativa mais justa. A vantagem contínua da Google depende da persistência destes procedimentos. A lição a reter neste caso é que um dólar de crescimento obtido num sector desequilibrado é quase sempre contrabalançado por um tostão, um cêntimo, um quarto de dólar ou mais de malefícios. Uma margem evolutiva e o crescimento inteligente que esta permite só se verificam quando os sectores estão equilibrados, portanto, quando encontrar um sector desequilibrado, equilibre-o.

GENEROSIDADE

Outro cenário em que a resistência tem repercussões é a angariação de recursos pelos intervenientes. Existem três estratégias reveladoras neste sentido. Por vezes, como no *software* e na biotecnologia, os intervenientes criam emaranhados de patentes, portefólios de patentes que não são usadas porque o seu objectivo é bloquear as patentes dos rivais. Por vezes, como se verifica na venda de produtos alimentares, os agentes criam bancos de areia – portefólios de propriedades vagas – para impedir que os concorrentes obtenham localizações melhores. Por vezes, os intervenientes angariam relações para impedir que outros intervenientes conquistem clientes importantes; nas finanças, por exemplo, área em que os bancos oferecem taxas preferenciais, descontos e serviços. No sector dos brinquedos, as empresas angariam, catalogam e escondem invejosamente *designs*, marcas registadas e personagens muito tempo depois de se comoditizarem e se tornarem obsoletos. Eis o que todas estas empresas dizem implicitamente: «Não conseguimos criar melhores produtos, então, armazenamos produtos do passado para tentarmos dominar o mercado.»

A fábrica da Lego deu a volta ao açambarcamento. Em vez de coleccionar *designs*, a Lego abriu as suas fontes, tornando-as propriedade comum. O resultado? A Lego investe menos em formas de aumentar as receitas sofríveis dos *designs* antigos, porque os utilizadores da Lego e os programas de Embaixadores da Lego concebem constantemente novos conjuntos e favorecem o aparecimento de novas ideias. A generosidade implica trocar, vender, licenciar ou até *partilhar* o que está acumulado, tal como a Lego tem feito, para que melhores produtos sejam concebidos, e desbloquear um crescimento mais inteligente. Portanto, sempre que se deparar com práticas de açambarcamento, inverta o jogo e procure, em vez disso, generosidade: a sua margem evolutiva vai agradecer-lhe.

COMPAIXÃO

Em que aspectos é mais valiosa a construção de um mercado mais completo? Em muitas cadeias de valor, o mais comum é a compressão: aplicar este princípio a compradores e a fornecedores aumenta a margem de lucro das empresas. Mas é muito raro criar-se valor autêntico. O reverso desta prática é a destruição da capacidade de inovação em toda a cadeia de valor. Quando não se pode investir nas pessoas, na produção nem nos processos, é impossível criar novos mercados, indústrias e categorias. Os sinais reveladores são evidentes: os fornecedores e os compradores estão permanentemente em dificuldades, o ritmo de inovação é fraco e as condições de trabalho são piores para os mais distantes em vários quadrantes. Nestas cadeias de valor, não há nada mais revolucionário do que inverter práticas de compressão, através da compaixão, um prémio que os outros podem usar para investir neles próprios, repartindo os lucros por todos os intervenientes.

A Starbucks orquestrou um ataque sem tréguas às práticas de compressão honrando o compromisso de comprar todo o café que vende no Reino Unido, na Irlanda e, mais recentemente, na Nova Zelândia a fornecedores certificados do comércio justo. Talvez seja uma medida fácil de criticar e o meu objectivo não é convencê-lo da nobreza da Starbucks. Pelo contrário, é salientar que o objectivo desse compromisso é ajudar os produtores de café a investirem neles próprios, gerando vários tipos de café de qualidade superior que podem ser usados para criar novas categorias de bebidas e novos segmentos de consumidores de café. É o início de crescimento inteligente, que espelha inevitavelmente o crescimento individual das *pessoas*, e não apenas o aumento do volume do «produto». Portanto, onde e quando houver uma mentalidade limitadora, remeta os rivais para último plano e dê primazia à inovação, a par da compaixão.

INDEPENDÊNCIA

É nas áreas em que as pessoas são cada vez mais vulneráveis economicamente que é valioso concretizar mercados. O que caracteriza essas áreas? A crescente volatilidade, a estagnação de salários e de folhas de balanço e o acesso limitado aos serviços públicos. Em tais locais e espaços, o potencial para ser criativo e captar novas indústrias e mercados é seriamente perturbador. O crescimento inteligente não se desencadeia porque as pessoas consideram impossível *todo* o tipo de investimento. Esta situação não pode ser melhor ilustrada do que no caso dos habitantes rurais pobres da Índia.

A iniciativa Shakti de microempréstimos às mulheres pobres do campo é um exemplo vivo de como se lança um assalto à insegurança económica e se converte crescimento estúpido em crescimento inteligente. As participantes na iniciativa Shakti não se limitam a adquirir produtos; criam negócios e aprendem a ganhar vencimentos regulares. Como as inseguranças são eliminadas, não completamente, mas o suficiente para mudar vidas difíceis, gerou-se uma prosperidade partilhada entre a Unilever Hindustan, as aldeias e os habitantes. O crescimento inteligente não se obtém quando os rendimentos das pessoas, das comunidades e das sociedades aumentam, mas quando os seus bens também aumentam, se tornam mais independentes e livres do crescimento gerado pelo consumismo e da dependência do crescimento estúpido. Portanto, sempre que os negócios comuns não põem a tónica na dignidade nem subtraem as pessoas a situações de vulnerabilidade e sempre que lhe parecer que está a ir no *sentido inverso*, procure antes a independência.

VERDADE

Em que circunstâncias é que a relevância causa maior impacto? Muitos sectores preocupam-se com a contrafacção. Mas muitos produtos aparentemente reais *são* contrafacções. A relevância pode ser radicalmente construtiva nos sectores direccionados para a contrafacção ou simulação de *inputs* e *outputs* fundamentais.

Há três sinais reveladores destes sectores: pessoas falsas, como Gilly Hicks, cujo retrato está pendurado em todas as lojas da cadeia homónima. Gilly é uma falsificação, uma personagem fictícia com uma história de família ficcional, que remonta a três gerações, cuidadosamente concebida pela Abercrombie & Fitch como a criadora de lojas de roupa casual femininna. É mais um falso ingrediente, um intensificador de sabor que engana as pessoas prometendo sabor acrescido, mas sem valor nutritivo. Tal como as marcas falsas, por exemplo, a Häagen Dazs, que foi «cozinhada» numa sala de reuniões de Nova Jérsia, simplesmente para *parecer* sueca (já que se fala de enganos, os primeiros recipientes de gelado desta marca eram decorados com mapas da Escandinávia). Estas indústrias concentram-se em diferenciar mercadorias semelhantes: falsificam *inputs* e *outputs* fundamentais, porque não se preocupam em fazer uma diferença significativa nos *resultados*. Pelo contrário, a Whole Foods deu uma reviravolta ao sector alimentar rejeitando corantes e sabores artificiais. A Whole Foods, tendo em vista melhores resultados, criou supermercados que vendem apenas alimentos verdadeiros. Imagine. O crescimento inteligente nunca se constrói a partir de falsificações, é sempre o resultado de algo real. Portanto, sempre que se deparar com falsificações, independentemente de serem muito bem feitas, tente combatê-las com uma boa dose de verdade significativa e saudável.

EPIFANIA

Onde é que a relevância é também revolucionária? Em sectores e mercados que não se limitam a *simular inputs* e *outputs*, mas que *dissimulam* resultados. Dissimular é esconder. Muitos sectores esforçam-se por mascarar, esconder e enterrar os resultados negativos, para que as pessoas, as comunidades e a sociedade não fiquem a conhecê-los. Há três sinais reveladores de tais sectores e mercados: marcas «desejadas», despesas desmedidas com *marketing* causadas por uma segmentação cada vez mais complexa e grupos de interesse para proteger padrões e exigências.

Talvez os mestres dissimuladores da era industrial tenham sido os fabricantes automóveis de Detroit. Já no terceiro trimestre de 2008, na véspera da sua destruição, a GM gastou milhões em grupos de interesse contra os padrões da média corporativa de economia de combustível (CAFE, na singla inglesa), que definiam efectivamente a média de milhas por galão que os carros deviam consumir. Na verdade, entre 2001 e 2008, a GM gastou mais de 100 milhões de dólares em grupos de interesse para derrotar padrões mais rigorosos da CAFE, porque o volume das receitas dos veículos todo-o-terreno e dos camiões estava a desaparecer. O argumento da GM era «a escolha do consumidor perdeu-se, os condutores estão menos seguros e os recursos vão ser desviados da inovação». Já que se fala de dissimulação: tanto quem estava dentro como fora do sector percebeu nitidamente que a GM e os seus semelhantes estavam simplesmente a tentar esconder o facto de que, desde 1985, não tinham feito praticamente nenhum progresso para melhorar voluntariamente a eficácia de consumo.

Inovadores radicais como a Better Place tiveram uma epifania; estão a destruir a dissimulação dos fabricantes de Detroit, tentando criar resultados benéficos para as pessoas, as comunidades, a sociedade, o meio ambiente e as gerações futuras. Estão a incomodar os fabricantes automóveis do passado, construindo uma indústria automóvel renovável. Ter uma epifania significa chegar à conclusão (muitas vezes subitamente) de que um sector está a trabalhar noite e dia para mascarar, esconder e ocultar os resultados negativos e que, tendo melhores resultados, é possível flanqueá-lo, cercá-lo e atacá-lo. Significa arrasar a velha lógica e, em seu lugar, criar um novo entendimento de que o passado foi estúpido mas que o futuro vai será inteligente. Portanto, sempre que pressentir dissimulação, pondere, em vez disso, e tenha uma epifania.

CONSCIÊNCIA

Em muitos sectores e mercados, o anverso é verdade. Não é uma questão de as empresas com uma postura acomodada esconderem os resultados negativos, mas de aparentemente estarem esquecidas do que são resultados positivos e duradouros. Por sua vez, a ignorância de que melhores resultados são possíveis leva a que os clientes, os compradores e os fornecedores se tornem alienados e alheados e que esperem apenas o denominador comum mais reduzido. Há três sinais reveladores de tais sectores: clientes alienados, voláteis e apáticos, despesas desmedidas com *marketing* e diminuição do orçamento destinado à produção, à pesquisa e à inovação. Durante uma década, os editores de jogos de vídeo licenciaram megamarcas – desde ligas desportivas, como a FIFA, a produtores de conteúdos, como a Marvel –, portanto, podiam codificar um jogo e fazer aperfeiçoamentos à margem vezes sem conta. Ao FIFA 2003 seguiu-se o FIFA 2004, o 2005 e o 2006. O resultado foi um sector esvaziado de criatividade e de inovação e repleto de alienação. Os consumidores ficaram tão frustrados como os criadores e os retalhistas. Foi inevitável: o crescimento estagnou.

Depois, surgiu a Nintendo. A Wii foi revolucionária porque a concentração da Nintendo nos resultados obrigou-a a ser radicalmente inovadora. A revolução da Nintendo foi tornar jogos sem significado em jogos novamente significativos. Se comprasse uma Wii, teria ao seu dispor jogos verdadeiramente criativos que o ajudariam a ser mais inteligente, ficar em melhor forma e ser mais saudável. No fundo, é a mesma revolução que a Nike promove no calçado: está a responder à alienação e à apatia centrando a sua atenção no bem-estar. Conscientes do que é profunda e claramente significativo e do que é meramente insignificante, tanto a Nintendo como a Nike estão a atingir o auge do crescimento inteligente. Portanto, sempre que se deparar com negligência ou mera indiferença em relação a melhores resultados, seja ponderado e tenha consciência do que seria preciso para os obter.

SÍNTESE

No passado, a grande questão quanto à prosperidade era: que lucros superiores ao do nosso concorrente mais próximo podemos obter ao longo do tempo? Actualmente, a grande questão quanto à prosperidade é: em relação ao nosso concorrente mais temido, que valor mais significativo, verdadeiro e duradouro conseguimos criar ao longo do tempo? Como é local, global e economicamente insustentável, o valor baseado no consumo, alimentado pela dívida e fundamentado na diminuição da receita não se adequa à prosperidade do século XXI. Então, em vez de imitar um crescimento estúpido e destrutivo, em que valor cada vez mais reduzido se multiplica de forma autodestrutiva, está a surgir uma nova geração de insurgentes que luta, passo a passo, para ultrapassar o desafio da prosperidade, tomando como exemplo o crescimento mais inteligente e resistente: empenhado no investimento, isento de dívida profunda, baseado em receitas maiores que criam valor cada vez mais consistente.

O cume do capitalismo é o crescimento e assim que subir até ao topo da inovação institucional, o passo final para se tornar um capitalista construtivo é talhar um novo cume. Já deu o salto de uma estratégia competitiva, que desenvolve simplesmente o valor dos accionistas, para uma estratégia construtiva que fomenta o crescimento de valor consistente? Está simplesmente a crescer mais depressa, mais seriamente e de forma mais barata ou está a crescer de forma mais *inteligente*? Eis uma lista de verificação.

- Que pontos vitais de valor reduzido estão presentes na sua indústria, sector ou categoria? Que jogadas destrutivas estão os seus concorrentes, compradores ou fornecedores a fazer? Quais está *você* a fazer?

- Quais são as lacunas mínimas e os enormes fossos? Quais levam a dívidas maiores, mais profundas para as pessoas, comunidades, sociedade e gerações futuras?

- Por que jogadas construtivas vai optar? Como vai tornar mais consistente o valor reduzido? Como irá esse valor consistente crescer, tornando inteligente o crescimento estúpido?

- Se não seguir nenhuma das sugestões referidas anteriormente, os concorrentes irão entrar em guerra consigo? Quando considera numa perspectiva geral os seus concorrentes imediatos ou distantes, qual deles tem potencial para criar uma estratégia construtiva e qual *já* o fez?

OITAVO CAPÍTULO

Capitalismo Construtivo

«O capitalismo não é um êxito. Não é inteligente, não é bonito, não é justo, não é virtuoso e não cumpre a sua obrigação», disse certa vez o grande John Maynard Keynes, no despertar da Grande Depressão, quando embarcava na viagem de renegado que faria a economia dar uma reviravolta. A frase seguinte foi ainda mais perspicaz: «Mas quando pensamos em algo que possa substituí-lo, ficamos extremamente perplexos.» ([1]) Portanto, eis a minha humilde sugestão: chegou a altura de o substituir por uma espécie *melhor* de capitalismo, que *seja* inteligente, bonita, justa e virtuosa – e que cumpra a sua obrigação. Uma espécie concebida para o século XXI, que está a surgir num mundo profunda, irreversível e radicalmente interdependente.

Portanto, apresento a minha humilde sugestão: o capitalismo do século XX não se enquadra na economia do século XXI, e o mesmo acontece com os capitalistas do século XX. Encontram-se num dilema. O dilema dos capitalistas é o seguinte: o grande desafio do século XXI não é produzir, publicitar e vender o mesmo produto obsoleto, subsidiado pela dívida profunda e fomentado pelo consumo, que redunda em produtos ligeiramente melhores com receitas decrescentes.

O grande desafio consiste em aprender o que os capitalistas construtivos fizeram para fabricar produtos que não têm as características que enumerei. Resume-se a lucrar *mais* a partir de *menos* malefícios económicos, em vez de estar encurralado na concretização de lucros exclusivamente dependente de mais malefícios.

Actualmente, a grande maioria das empresas parece digladiar-se com esse dilema. Como pode um pequeno número de insurgentes libertar-se de tudo isto? Discuti cinco fundamentos em que estes inovadores institucionais estão a ser pioneiros – mas segue-se um fundamento mais profundo, talvez mais essencial: pense em maior escala. Mude o mundo radicalmente para melhor.

Para os capitalistas construtivos, o negócio não se resume simplesmente a um jogo de soma-zero que tem de ser ganho. Pelo contrário, é, como o director executivo do Twitter, Evan Williams, me disse, quando me revelou a nova filosofia do Twitter, «uma força para o bem no mundo». [2] É um instrumento fundamental para enfrentar a grande variedade de desafios, minúsculos ou gigantescos, urgentes ou adormecidos, locais ou globais, que as pessoas, as comunidades, a sociedade e as gerações futuras enfrentam no crepúsculo do capitalismo da era industrial. Ao estabelecer novos fundamentos institucionais, criar novas bases económicas mais fortes assentes neles e ao aumentar o pico do crescimento mais inteligente, os insurgentes estão – nunca facilmente e sempre de forma imperfeita – a mudar o mundo para melhor.

O primeiro princípio de Williams resultou da incessante elaboração da pergunta mais difícil feita pela equipa do Twitter: «Porque estamos *aqui*?» O mesmo acontece com a maioria das empresas revolucionárias que referi: a viagem rumo ao capitalismo construtivo é quase sempre a resposta às perguntas mais difíceis e transformadoras do mundo, que o declínio do capitalismo da era industrial pede. Qual é o benefício de um sector de energia que destrói o ambiente? Qual é o benefício de um sector de comunicação social que, recorrendo a anúncios incessantemente intrusivos e invasivos, só polui a infoesfera? Qual é o benefício de uma produção que consome o mundo natural? Qual é o benefício de bancos que esgotam a área financeira? Qual é o benefício de um sector alimentar que desencadeia uma epidemia de obesidade? Qual é o benefício de um sector de acessórios que produz vestuário desinteressante em condições laborais deprimentes e precárias? Qual é o benefício de sapatos desportivos que não ajudam as pessoas a alcançar uma melhor forma física? A Google, o Twitter, a Walmart, o Banco Compartamos, a Apple, a Grameen, a Whole Foods, a Threadless e a Nike dizem em uníssono: «Conseguimos fazer melhor.» Nenhuma destas empresas é perfeita. São *melhores*. A revolução que apresentam diz o seguinte: melhor é melhor. Melhor – para as pessoas, as comunidades, a sociedade, o mundo natural e as gerações futuras – é melhor para o rumo das empresas e para os accionistas.

Permita-me que contextualize este pensamento. No século XX, o *pior* era muitas vezes o *melhor*. O que era melhor para os resultados era – talvez não imediata, absoluta ou deliberadamente, mas muitas vezes, e no final de contas, mesmo que inadvertidamente – pior para as pessoas, comunidades e sociedade. Os capitalistas do século XX tendiam a criar negócios em que o pior era melhor, motores de valor reduzido, artificial, insustentável e sem significado. Essa é a essência do dilema capitalista.

No século XXI, *melhor é melhor*. Nos dias de hoje, os princípios estão a mudar. Num mundo interdependente, os contornos da oferta e da procura estão a ser reformulados: investidores, compradores, fornecedores, governos e clientes começam a recompensar aqueles que não têm dívidas profundas (e inversamente a castigar aqueles que só conseguem lucrar sobrealavancando-se nessa dívida), e portanto um negócio melhor é *economicamente* melhor. Aquilo que é melhor para as pessoas, as comunidades e a sociedade já é e vai continuar a ser melhor para os resultados. Os capitalistas do século XXI criam empresas em que o melhor é melhor.

Preste atenção, por favor: não estou a sugerir que, depois de ter recorrido à minha varinha de condão, tenho a resposta «certa» para este novo cálculo, nem que existe uma simples resposta *certa*. O que estou a *sugerir* é que, se quiser ser um capitalista do século XXI, se quiser criar bases económicas mais fortes e obter um nível mais elevado de vantagem – então, terá de confrontar-se com este novo cálculo e descobrir a *sua* resposta.

Os negócios assentes na premissa «melhor é melhor» geram *valor consistente que perdura*, aumenta e é relevante. As empresas geram valor consistente quando obtêm lucros através de actividades que criam benefícios (ou absorvem custos) para as pessoas, as comunidades e a sociedade, não apenas para os quadros de gestão e accionistas. Pelo contrário, quando obtêm lucros recorrendo a malefícios – activamente ou por inércia – causados a terceiros, as empresas estão a gerar valor reduzido. Valor consistente é mais sustentável, significativo e verdadeiro do que o valor da concorrência. Recapitulemos.

- *Valor sustentável* é valor que perdura para além da produção e do consumo. Não se desmorona como um castelo de cartas, poucos anos, trimestres ou meses mais tarde. Não é potenciado pelos reflexos de uma bolha, mas motivado pelo investimento no futuro, repondo aquilo que é consumido e tendo cuidado com o que é fomentado. Quando se pensa melhor neste assunto, conclui-se que só o valor sustentável pode ser responsável pelo crescimento inteligente – porque é menos vulnerável a um colapso súbito ou implosão. Quando compra alimentos que beneficiam o meio ambiente na Walmart do século XXI, o valor que é criado para todos perdura muito tempo depois de ter consumido os produtos que adquiriu. Quando aprende a tornar-se melhor atleta com a Nike do século XXI, o valor que criou permanece consigo, muito tempo depois de os seus ténis se estragarem.

- *Valor significativo* é valor relevante. Tem um impacto maior e mais positivo nos resultados das pessoas (ao mesmo custo) de formas que são mais importantes para elas. A rentabilidade pode ser obtida através da exclusão e, finalmente, retirando capacidade às pessoas – quer sejam compradores, fornecedores, concorrentes ou consumidores – com o objectivo de limitar ou aprofundar a rivalidade. Mas ter um impacto nos resultados relevantes para outrem depende, em vez disso, de incluir todos os outros e de lhes dar poder. Enquanto a vantagem da Gap depende da compressão dos fornecedores, a vantagem da Threadless depende, acima de tudo, da inclusão dos clientes no desenvolvimento do produto e na sua capacitação para que possam fazer escolhas. Enquanto a vantagem da Puma depende da exclusão dos rivais dos canais de distribuição e dos retalhistas, a vantagem de próxima geração da Nike depende da inclusão dos corredores, do auxílio que esta empresa lhes presta para que tenham melhor desempenho no desporto e para que ensinem esta lição a outros desportistas.

- *Valor autêntico* é valor que cresce; beneficia a direcção executiva da empresa, os accionistas, as pessoas, as comunidades, a sociedade e o meio ambiente. A vantagem competitiva é muitas vezes egoísta; contrabalança o valor com custos para terceiros que as empresas geram para os accionistas e direcções executivas. Uma vantagem que só abarca aqueles que pertencem à direcção executiva não é valiosa a nível económico, porque não consegue fomentar uma prosperidade partilhada e crescente, assente noutros que investem no futuro da empresa. Ao invés, a vantagem construtiva cria valor autêntico que beneficia muitas pessoas ou todas elas. Quando a Google coloca as cartas na mesa – em claro contraste com as jogadas injustas da Microsoft, que é repetidamente desafiada pelos reguladores –, a sociedade e as pessoas ficam em melhor posição. Quando a Nike ajuda os clientes a ser melhores corredores e lhes vende ténis reciclados, as pessoas, as comunidades, a sociedade e o meio ambiente são beneficiados.

Ao criarem valor consistente, os inovadores institucionais conseguem chegar ao nível seguinte de vantagem: a vantagem construtiva. É uma vantagem na quantidade e *qualidade* de lucro. Em vez de transferirem custos ou pedirem benefícios emprestados às pessoas, às comunidades, ao meio ambiente e às gerações futuras, os capitalistas construtivos minimizam os malefícios económicos e substituem-nos por uma vantagem de prejuízo, forte capacidade de resposta, resistência, criatividade económica ou, acima de tudo, uma diferença duradoura no bem-estar.

Quais são as fontes da vantagem construtiva? Os novos fundamentos que analisei: ciclos de valor, conversações de valor, filosofias, perfeição e bens melhores. Com base nestes fundamentos, é possível construir bases económicas mais fortes, abrangentes e robustas. O capitalismo da era industrial pretendia alcançar eficiência operacional, agilidade estratégica, eficácia operacional e produtividade laboral e capital. Era maximizado um lucro de baixa qualidade, alheado de um impacto humano positivo e tangível. O lucro de baixa qualidade gera valor reduzido e irreal. Em vez disso, os capitalistas do século XXI maximizam a socioeficácia, a socioprodutividade e a agilidade de gestão, a capacidade de evolução e a socioeficiência. Maximiza-se um lucro de alta qualidade, que reflecte ganhos tangíveis e duradouros desfrutados pelas pessoas, pelas comunidades, pela sociedade, pelo meio ambiente e pelas gerações futuras. O lucro de grande qualidade cria valor consistente – valor económico verdadeiro, significativo e sustentável.

Portanto, «fazer melhor» – ou, nas palavras de Williams, «ser» uma força benigna no mundo – significa que no século XXI se registarão volumes superiores de rentabilidade de maior qualidade, se o melhor for melhor e se se criar valor mais consistente. Não se iluda: valor consistente não é fácil de criar. É tremendamente difícil e impróprio para cardíacos. A maioria das empresas foge disso como campistas desafortunados fogem de ursos pardos. O que torna os capitalistas construtivos diferentes é o facto de conhecerem a sua promessa, aceitaram o seu desafio e saberem como responder-lhe. Através de um novo e radical conjunto de fundamentos institucionais, por vezes devagar, frequentemente com dificuldade e nunca completamente, mas sempre causando impacto, estão a revitalizar o valor consistente de forma estonteante. Se não os estiver a acompanhar, prepare-se para se tornar tão necessário para o século XXI como, para parafrasear Gloria Steinem, uma bicicleta é para um peixe.

A maioria das empresas ainda considera que a superioridade consiste em ser melhor do que o conjunto dos rivais mais próximos e conhecidos. Mas o valor mais consistente demonstra que ser simplesmente melhor do que a concorrência, os dez ou os cem concorrentes do sector, não basta para atingir uma superioridade competitiva no século XXI. Os capitalistas construtivos não estão simplesmente a tentar fazer melhor do que os concorrentes, de acordo com os pressupostos do *passado*. Estão essencialmente a redefinir o que significa êxito, para englobar o bem-estar das pessoas, comunidades, sociedade e gerações futuras; para gerar o que se pode descrever como lucro «maior»; *maior* lucro social, ambiental e humano e tipos de receitas inexploradas e, para já, desconhecidas.

Consequentemente, a superioridade competitiva no século XXI verifica-se quando se criam empresas cuja mentalidade assenta na ideia de que «melhor é melhor», não simplesmente uma empresa melhor do que a outra». O valor mais consistente e livre de dívida profunda oferece um lucro maior, menos arriscado, mais duradouro, mais desejado e de melhor qualidade porque cada dólar desse lucro é criado sem recorrer a malefícios económicos e reflecte benefícios significativos e duradouros. Daí os capitalistas construtivos não terem *menor* valor do que os homólogos da era industrial, mas, normalmente, causarem mais impacto.

O oposto de *melhor é melhor* é *pior é pior*. Os negócios da era industrial são piores porque são piores a nível económico. Isto quer dizer que, nos termos do século XXI, são ineficazes, não são produtivos, são inflexíveis na criação de valor relevante, duradouro e crescente; são um motor de lucro de baixa qualidade. Portanto, são cada vez mais más apostas para empresas, gestores e investidores, como têm sido também cada vez piores apostas, como apontam os resultados de prosperidade, para as pessoas, as comunidades, a sociedade e as gerações futuras.

Atente nas várias empresas referidas neste livro. A Apple e a Nintendo descobriram que criar novos mercados e categorias «impossíveis» lhes trazia lucro de maior qualidade, menos arriscado, mais defensável e duradouro, que atrai investidores em massa e perturba concorrentes como a Sony e a Nokia, cujas batalhas cada vez mais intensas pelo lucro escasso e de baixa qualidade do passado levaram os investidores a desaparecer com regularidade. O Big Three perdeu mais de 50 mil milhões de dólares em 2008 e a GM precisou de um resgate histórico. Embora estas empresas estejam lentamente a recuperar uma vantagem irrelevante, compare esse feito com a lista de espera para o *Nano* da Tata. O lucro de maior qualidade da Tata, que surge da capacidade de se centrar numa procura inexplorada e crescente a nível global, provavelmente crescerá mais depressa e de forma mais duradoura do que o dos fabricantes de automóveis de Detroit, cujos vícios em mercados e categorias do passado (refiro-me aos veículos todo-o-terreno) lhes custaram o futuro. É evidente que, se a Tata quisesse subir a fasquia para um lucro ainda de *maior* qualidade, iria, tal como a Better Place, desistir do motor de combustão de petróleo e adoptar um modelo de transporte que recorre à energia renovável.

Há baixa qualidade e há o ponto mais baixo do oceano, a Fossa das Marianas. Em termos de qualidade, grande parte dos lucros de Wall Street encontra-se aí. É provável que estes lucros continuem a desvalorizar devido às imposições e aos impostos bancários e a um risco intenso que oferece mais desafios: o risco de que as taxas de inadimplência disparem, que haja incumprimento das contrapartes ou fuga de depositantes – principais causas do *próximo* colapso em que os banqueiros centrais e as autoridades financeiras já reflectem. A taxa de inadimplência do Banco Compartamos é de menos de três por cento, portanto, pode não durar eternamente e irá provavelmente ser susceptível a deterioração. Mas no auge da crise bancária global, o Compartamos já *tem* uma rentabilidade de maior qualidade. A JPMorgan Chase refere que a «qualidade muito sólida dos activos» do Compartamos suscita um crescimento mais sustentável e inteligente. ([3])

De acordo com a minha estimativa informal, a Threadless já é mais rentável do que a Gap, e, lamento, mas essa lacuna só irá aumentar. Esta situação não se verifica simplesmente porque a Threadless detém menores custos de produção, *marketing* e descontos – todos sujeitos a alteração num mundo volátil – mas, em ultima instância, porque prospera fabricando vestuário que interessa mais às pessoas, vai mais ao encontro das suas preferências: segue um conjunto de princípios económicos menos arriscado, com menores exigências de capital e de trabalho intensivo, e é mais sustentável, o que se reflecte no crescimento inteligente e no lucro de maior qualidade. A Google tornou-se muitíssimo mais rentável do que a Yahoo! e a AOL – já para não referir a maior parte da comunicação social – ao fornecer menos anúncios mas mais relevantes: lucro de maior qualidade, crescimento bastante mais inteligente e duradouro. A Walmart e a Whole Foods seguiram abordagens diferentes para alcançar valor consistente – a primeira focou-se na riqueza ambiental, a segunda na saúde humana – e obtiveram um lucro de maior qualidade e um crescimento mais inteligente desvalorizando inexoravelmente concorrentes como a Target e a Tesco. A Nike não é um exemplo de perfeição, porém, ao reduzir o desperdício, ao criar círculos de *inputs* e ao centrar-se nos resultados, construiu uma empresa de mais baixo custo e de margens maiores, o que implica menos acções de *marketing*, menos despesas gerais e menor quantidade de matérias-primas para obter maiores resultados para os accionistas *e* intervenientes; e esse lucro de maior qualidade está a derrotar a Adidas.

Ser construtivo *é* o factor mais perturbante dos dias de hoje. Transversal a toda a economia, uma nova geração de renegados está a talhar novos fundamentos institucionais para ultrapassar os desafios colossais da economia do século XXI e suplantar o *status quo* obsoleto e prejudicial. A ambição da sua insurreição? Talvez mereça o nome de Iluminismo: não é apenas uma nova apresentação de produtos ou uma reformulação do trabalho, mas uma recriação do *valor*.

Nenhuma das empresas que mencionei é o paradigma da perfeição, um mestre artesão dos fundamentos de hoje e de amanhã. Mas estas e muitas mais empresas inovadoras são apenas algumas das renegadas que estão a criar um futuro em que melhor é melhor porque pior é pior. Em cada uma das suas viagens inacabadas se encontra uma promessa mais profunda – navegam para além da afluência esgotada da era industrial, para além da vantagem do mundo dos negócios como o conhecemos, para alcançar costas férteis onde se encontra uma prosperidade revitalizada.

É o trajecto dessa história mais vasta, uma viagem que ultrapassa os limites da prosperidade da era industrial, que espero que tenha traçado comigo. Veja mais além *deste* conjunto de personagens e pense no fio que as une e assim unirá os intervenientes do futuro que ainda não foram previstos. Ao criarem negócios em que melhor é melhor, os capitalistas construtivos não estão simplesmente a ter melhores desempenhos do que os rivais – na verdade, a vantagem construtiva está a tornar esses rivais obsoletos. Veja o panorama geral, pois defendo a ideia de que os capitalistas construtivos, apesar das suas imperfeições muito concretas, estão a melhorar a equação de valor do capitalismo de destruição criativa. Estão a aprender a minimizar as perdas decorrentes da destruição e a maximizar os lucros da criação. Tendem a incorrer em menos, menores e mais reduzidas perdas fruto da destruição, enquanto oferecem mais lucros, mais frequentes e abrangentes através da criação.

Ao unir ao cerne da gestão os custos e os benefícios de um mundo interdependente, muitas vezes invisíveis, mas muito reais, humanos, sociais, públicos e ambientais; ao repor benefícios emprestados e ao aceitar custos que são transferidos para as pessoas, as comunidades, a sociedade, as gerações futuras e o mundo natural, as novas instituições começam a destruir *menos* e a criar *mais*. Os capitalistas construtivos estão a aproximar-se de um capitalismo mais digno, que gera valor mais autêntico, sustentável e significativo por cada dólar, rupia ou renminbi gasto.

Para sobreviver e prosperar, tem de dar o salto. Ser um inovador institucional significa literalmente não se limitar a seguir um modelo económico actualizado mas *compor* um. O meu objectivo não foi compor esse modelo, mas dar-lhe a caneta, o papel e talvez até vários elementos de concepção para que trace o seu próprio modelo.

Se essa tarefa lhe parecer assombrosa, considere o seguinte: o capitalismo não é um descendente do Monte Olimpo nem foi estabelecido pela natureza. É uma das grandes criações da *Humanidade* – incorporada no nosso mundo ruidoso e desorganizado. Reconstrói-se diariamente, através das decisões que tomamos. Tal como todas as outras criações humanas, seria presunçoso concluir que chegámos ao destino, ao fim da linha, ao cume da escalada e que a impressionante e improvável viagem do capitalismo termina aqui.

Contudo, como é *vivido,* o futuro do capitalismo não será traçado por meio de ensaios, proclamações, regulamentações, cabeçalhos, artigos, modelos de computador, equações ou livros empoeirados como este. Talvez porque, em vez de se questionarem se é realmente possível dar esse salto quântico para a terra nova e inexplorada da prosperidade, todos os inovadores institucionais cujas histórias contei já estão muito atarefados a arregaçar as mangas e a compor os seus próprios modelos.

«Quais são as fontes profundas e verdadeiras para uma prosperidade mais duradoura, significativa a autêntica?» É essa a grande questão do capitalismo. E durante muitos anos tomámos como certo que já tinha sido respondida. Mas a verdade é que talvez não haja respostas eternas e simples para esta grande busca – só respostas melhores (e melhores). Longe de sugerir que ofereci ao leitor todas (ou alguma sequer) essas melhores respostas, o que espero que tenha retido deste livro é o seguinte: a sugestão de que pode ter chegado a altura de – como todos os capitalistas fizeram – se voltar a questionar sobre este assunto.

Ou seja, o futuro do capitalismo começa *por si.* Portanto, não se limite a ler o livro, use-o. Não é um livro de estudo, é um manual. Os protectores do passado nunca criaram o futuro. E os criadores do futuro nunca cessaram de questionar o passado. Tem de se questionar e de continuar a fazê-lo.

Notas

NOTA PRÉVIA

(¹) http://www.ft.com/indepth/capitalism-future.

PRIMEIRO CAPÍTULO

(¹) Simon Kuznets, «National Income, 1929-1932», 73.º Congresso dos EUA, 2.ª sessão, documento do Senado n.º 124, 1934, página 7.

(²) Departamento do Tesouro dos EUA, *Major Foreign Holders of Treasury Securities, Treasury International Capital System Statistics*, 2009.

(³) Niall Ferguson, «The Great Repression: A Long Shadow», *Financial Times*, 21 de Setembro de 2008; Kenneth Rogoff, «The Great Contraction of 2008-2009», *Project Syndicate*, 2 de Novembro de 2009; e Robert Reich, «The Great Crash of 2008», 1 de Dezembro de 2008.

(⁴) Citado em Nathan Gardels, «Don't Expect Recovery Before 2012 – with 8% Inflation», *New Perspectives Quarterly*, 16 de Janeiro de 2009.

(⁵) Ver Alan Greenspan, discurso proferido no Economic Club of New York, 17 de Fevereiro de 2009; e Michael Hirsh, «The Re-education of Larry Summers», *Newsweek*, 21 de Fevereiro de 2009.

(⁶) Paul Krugman, excerto retirado do Ciclo de Conferências em Homenagem a Lionel Robbins, London School of Economics, 2009; Paul Krugman «The Other-Worldly Philosophers», *The Economist*, 16 de Julho de 2009; Willem Buiter, «The Unfortunate Uselessness of Most 'State of the Art' Academic Monetary Economics», *Financial Times*, 3 de Março de 2009; Joseph Stiglitz, «Wall Street's Toxic Message», *Vanity Fair*, Julho de 2009; Fareed Zakaria, «The Return of Capitalism», *Washington Post*, 15 de Junho de 2009.

(7) Douglass C. North, «Economic Performance Through Time», discurso por ocasião da atribuição do Prémio Sveriges Riksbank de Ciências Económicas em homenagem a Alfred Nobel, 1993; Daron Acemoglu, Simon Johnson e James Robinson, «Institutions as the Fundamental Cause of Long Run Growth», texto incluído em *The Handbook of Economic Growth*, 29 de Abril de 2004.

(8) Alfred D. Chandler Jr., co-autoria de Takashi Hikino, *Scale and Scope: The Dynamics of Industrial Capitalism* (Cambridge, MA: Belknap Press, 1994); Hyman P. Minsky, *Stabilizing an Unstable Economy* (New Haven: Yale University Press, 2008); Joseph A. Schumpeter, *Capitalism, Socialism, and Democracy* (Nova Iorque, Londres: Harper & Brothers, 1942).

(9) Nouriel Roubini, «The Shadow Banking System Is Unravelling», *Financial Times*, 21 de Setembro de 2008.

(10) James E. McWilliams, «Vegetarianism Is a Major Step for Environmental Change», *Washington Post*, 16 de Novembro de 2009.

(11) «The Real Price of Gasoline», International Center for Technology Assessment, Washington, DC, Novembro de 1998.

(12) Michael D. Bordo, «Growing Up to Financial Stability», documento 12993 do NBER, Março de 2007.

(13) Bryan Smith, Peter M. Senge, Sara Schley, Joe Laur e Nina Kruschwitz, *The Necessary Revolution: How Individuals and Organizations Are Working Together to Create a Sustainable World* (Nova Iorque: Broadway Books, Junho de 2008).

(14) David Held, Mary Kaldor e Danny Quah, «The Hydra-Headed Crisis», *Global Policy Journal*, Abril de 2010.

(15) Jeffrey Sachs e Lisa D. Cook, «Regional Public Goods in International Assistance», *Global Public Goods: International Cooperation in the 21st Century*, Inge Kaul, Isabelle Grunberg e Marc A. Stern (ed.) (Nova Iorque: Oxford University Press, 1999).

(16) Jack Hirshleifer, «The Private and Social Value of Information and the Reward to Inventive Activity», *American Economic Review* 61, n.º 4 (Setembro de 1971): 561–574.

(17) John Hagel III e John Seely Brown, «The Case for Institutional Innovation», HBR.org, 4 de Março de 2009.

(18) Gary Hamel, *The Future of Management* (Boston: Harvard Business School Press, 2007).

(19) Smith *et al.*, *The Necessary Revolution*.

(20) «Mobility Takes Center Stage: The 2010 Accenture Consumer Electronics Products and Services Usage Report», 2010.

SEGUNDO CAPÍTULO

(¹) Bryan Smith, Peter M. Senge, Sara Schley, Joe Laur e Nina Kruschwitz, *The Necessary Revolution: How Individuals and Organizations Are Working Together to Create a Sustainable World* (Nova Iorque: Broadway Books, Junho de 2008); Paul Hawken, Amory Lovins e L. Hunter Lovins, *Natural Capitalism: Creating the Next Industrial Revolution* (Boston: Little Brown and Company, 1999); Joseph Stiglitz, Amartya Sen e Jean-Paul Fitoussi, *Mismeasuring Our Lives: Why GDP Doesn't Add Up* (Nova Iorque: New Press, 2010).

(²) Correspondência pessoal com Adam Werbach, 17 de Abril de 2010.
(³) Relatório de Sustentabilidade da Nike 2007–2009.
(⁴) Blogue Gamechangers da Nike, 27 de Janeiro de 2009.
(⁵) Nike Grind, declaração de missão no *website* NikeReuseAShoe.com.
(⁶) «Nature and the Industrial Enterprise», *Engineering Enterprise* (Primavera de 2004).
(⁷) «Sustainable Growth – Interface Inc.», *Fast Company*, Março de 1998.
(⁸) Entrevista a Ray C. Anderson, Altenergystocks.com, 13 de Novembro de 2009.

TERCEIRO CAPÍTULO

(¹) Correspondência pessoal com Jake Nickell, 13 de Abril de 2010.
(²) Don Tapscott e Anthony D. Williams, *Wikinomics: How Mass Collaboration Changes Everything* (Nova Iorque: Penguin USA, 2008); Stan Davis e Christopher Meyer, *Blur: The Speed of Change in the Connected Economy* (Reading, MA: Addison-Wesley, 1998).
(³) Nickell, 13 de Abril de 2010.
(⁴) http://www.jelli.net.
(⁵) «User-Controlled 'Jelli' to Debut on Live 105», FMQB.com, 17 de Junho de 2009.
(⁶) Jim Giles, «Internet Encyclopedias Go Head to Head», *Nature*, Relatório Especial (Dezembro de 2005).
(⁷) http://en.wikipedia.org/wiki/Cloture.

QUARTO CAPÍTULO

(¹) Entrevista a Brian Fitzpatrick, 6 de Maio de 2010.

QUINTO CAPÍTULO

(¹) Eric M. Strauss, «Apples for Sale on New York City's Upper West Side», ABC News, 13 de Novembro de 2009.
(²) Emma Rothschild, «Can We Transform the Auto-Industrial Society?», *New York Review of Books*, 26 de Fevereiro de 2009.

(³) Ramon P. DeGennaro, «Market Imperfections», documento 2005-12, documentos de trabalho do Banco da Reserva Federal de Atlanta, Julho de 2005.

(⁴) Chuck Squatriglia, «Better Place Unveils an Electric Car Battery Swap Station», *Autopia*, 13 de Maio de 2009.

(⁵) Gavin Neath e Vijay Sharma, «The Shakti Revolution», *Development Outreach*, Instituto do Banco Mundial, Junho de 2008.

SEXTO CAPÍTULO

(¹) Ver, por exemplo: National Opinion Research Center, General Social Survey, 2008; Gabinete do Governo Japonês, Inquérito Nacional sobre Preferência de Estilos de Vida, 2006. Kaare Christensen, Anne Maria Herskind e James W. Vaupel, «Why Danes Are Smug: Comparative Study of Life Satisfaction in the European Union», *British Medical Journal*, 23 de Dezembro de 2006.

(²) Richard Easterlin e Laura Angelescu, «Happiness and Growth the World Over: Time Series Evidence on the Happiness-Income Paradox», documento 4060 do IZA, Março de 2009.

(³) Richard Layard, «Happiness: Has Social Science a Clue?» Ciclo de Conferências em Homenagem a Lionel Robbins 2002/3, London School of Economics, 3 de Março de 2003.

(⁴) B. Joseph Pine e James H. Gilmore, *The Experience Economy: Work Is Theater & Every Business a Stage* (Boston: Harvard Business School Press, 1999).

(⁵) Michael Hammer e James Champy, *Reengineering the Corporation: A Manifesto for Business Revolution* (Sydney: Allen & Unwin, 1994).

(⁶) Al Ries e Jack Trout, *Positioning: The Battle for Your Mind* (Nova Iorque: McGraw Hill, 2000).

(⁷) Christopher McDougall, *Born to Run: A Hidden Tribe, Superathletes, and the Greatest Race the World Has Never Seen* (Nova Iorque: Knopf, 2009).

(⁸) Mark McClusky, «The Nike Experiment: How the Shoe Giant Unleashed the Power of Personal Metrics», *Wired*, 22 de Junho de 2009.

(⁹) Gareth Jones, «Nike: Just Do Digital», *Revolution*, 9 de Janeiro de 2009.

(¹⁰) Gobigalways.com, 30 de Abril de 2008.

(¹¹) Sean Gregory, «Cool Runnings», *Time*, 4 de Outubro de 2007.

(¹²) Louise Story, «The New Advertising Outlet: Your Life», *New York Times*, 14 de Outubro de 2007.

(¹³) John Mackey, «The Whole Foods Alternative to Obamacare», *Wall Street Journal*, 11 de Agosto de 2009.

(¹⁴) Josh Harkinson, «Are Starbucks and Whole Foods Union Busters?», *Mother Jones*, 6 de Abril de 2009.

(¹⁵) Sophie Borland, «Elderly 'Addicted' to Nintendo Wii at Care Home», *Telegraph*, 14 de Setembro de 2007.

(¹⁶) Helena Oliveiro, «Seniors Find Wii a Winner», *Atlanta Journal-Constitution*, 26 de Abril de 2009.

(¹⁷) Peter Marcus, «Seniors Enjoy a Little 'Wii-Hab'», *Denver Daily News*, 12 de Junho de 2008.

SÉTIMO CAPÍTULO

(¹) Bill Gross, «Midnight Candles», *Investment Outlook*, Novembro de 2009.

OITAVO CAPÍTULO

(¹) John Maynard Keynes, «National Self-Sufficiency», *The Yale Review*, vol. 22, n.º 4 (Junho de 1933).

(²) Entrevista com Evan Williams, Austin, Texas, Março de 2010.

(³) Juan M. Partida e Frederic de Mariz, JP Morgan, Latin America Equity Research, «Banco Compartamos: Market Leadership Sustained by Superior Efficiency», 29 de Abril de 2008.

Índice Remissivo

Abercrombie & Fitch, 181
Acemoglu, Daron, 30
acesso à Internet, 130-1
acordos de não competição, 112
activos, 136-8, 141
Adidas, 45, 51, 153, 195
agilidade estratégica, 83-4, 192
agilidade na gestão, 82-6, 92-3
agilidade operacional, 83-4
agilidade, 83-6, 92-3
agrupar, 112
Air Jordan, 144
ajuste, 178
alienação de clientes, 183-4
ambiente, 23, 62-3
Anderson, Ray, 72-4
AOL, 115, 195
Apple, 45, 193-4
   criação de valor, 53-4
   criatividade da, 127-31
   loja de aplicações, 135, 139-40
   mercados impossíveis e, 125, 132
   rentabilidade da, 50-1
Arábia Saudita, 164
associação, 87, 94-9

autocracia de gestão, 87
avaliações da KLD Research & Analytics, 54

Banco Compartamos, 45, 125, 134, 189, 194
bancos de investimento, 111
bem-estar económico, 159
bem-estar físico, 148-9, 183-4
bem-estar mental, 160-1
bem-estar social, 157-8
bem-estar, 146, 150, 192
bem-estar, medidas de, 26
benefícios imaginários, 151
Benefícios, 111
bens de baixo custo, 65
bens de grande consumo, 137-8
bens melhores, 24, 48, 53, 143, 152--62
bens públicos, 35-6
bens, 30, 35, 48, 53, 65, 152
Better Place, 135, 167, 183, 194
Big Macs, 38-9
bolha do sector imobiliário, 31-2
bolsas de valores, 49-50

Bordo, Michael, 33, 36
Brin, Sergey, 101
Britannica, 45
Brunelleschi, Filippo, 125
Buiter, Willem, 29

cadeias de valor, 30, 47, 53, 66-8, 179-
-80
Canon, 159
capacidade de resposta, 53, 81-100, 177-
-8
capacitação, 177
capital social, 78
capital
   custo financeiro do, 41-2
   em toda a amplitude, 41-2, 56
capitalismo construtivo, fundamentos
   do, 43-56
capitalismo construtivo/capitalistas
   capacidade de resposta e, 81-100
   como futuro do capitalismo, 187-
   -97
   criatividade e, 123-42
   e seus fundamentos, 187-9
   estratégia construtiva e, 163-85
   fazer a diferença e, 143-62
   resistência e, 101-21
   vantagem de perda e, 61-80
   visão geral, 44-56
capitalismo da era industrial
   declínio do, 187-8
   fundamentos do, 30-8, 47, 164
   modelo de crescimento do, 26-9
   valor reduzido criado pelo, 37-43
capitalismo de gestão, 30
capitalismo do século XX. *Ver* capitalismo da era industrial/capitalismo/
/capitalistas construtivos
Capitalismo empreendedor, 30
capitalismo financeiro, 30

capitalismo. *Ver também* capitalismo
   construtivo/capitalistas; capitalismo
   da era industrial
   crescimento e, 164
   crise e, 33-6
   custos escondidos, 34
   declínio de, 57
   definições de, 30-1
   desequilíbrios, 129-32
   empreendedor, 30
   enquanto paradigma obsoleto, 25-7
   financeiro, 30
   futuro do, 23-5, 196-7
   gestão do, 30
   nova concepção do, 57-8
   prosperidade criada, 35-6, 57
capitalistas, ponto de vista dos, 37
captação, 53
carros eléctricos, 134-5
cartéis, 109-10
cenário competitivo, escolha de um, 168-
-73
Centro de Aprendizagem Digital, 159
Chandler, Alfred, 30
China
   enquanto credora, 28
   felicidade na, 144-5
   indústria têxtil na, 83-4
   reformas na, 54-5
ciclos de valor, 24-5, 47, 53, 66-80, 175
Citigroup, 45
clientes, 54-5
comércio justo, 75, 97, 98, 171, 180
compaixão, 179-80
complexidade, 139, 141
comunidades, 62-3
concertação de propostas, 110-1
concorrência
   empresas resistentes e, 105-8
   inovação e, 129-30

limites da, 119
perturbação da, 154-5, 173-84
concretização de mercados, 32-53, 123, 179-81
concretização, 53-4
conhecimento
  obtenção de, 109-13
  sintetizar, 113-9
conluio, 109-10
consciência, 1834
Conselho de Protecção Marinha, 66, 98
consenso, 98-9
consumidores, 54
consumo exagerado, 28, 169-70
consumo, 28, 169-76
contrafacção, 181-2
conversações de valor, 23-4, 47, 53, 81, 86-98
Cool Blue, 68, 73-5
crescimento económico inteligente, 172-3
crescimento económico. *Ver* crescimento
crescimento estúpido, 28, 163, 165-6, 169-70, 172, 174, 181, 185
crescimento global inteligente, 170-1
crescimento inteligente, 166-84
crescimento local inteligente, 169-70
crescimento
  capitalismo e, 164-5
  crescimento estúpido, 164-71
  crescimento inteligente, 165-73, 180-4
  declínio em, 164
  em países desenvolvidos, 25-6
  em países em vias de desenvolvimento, 26, 170-1
  era industrial, 26-9, 163-5
criação de valor, 44, 109, 114, 150-1
  Ver também valor consistente
criatividade económica, 123-42

criatividade, 53, 123-42
crise do crédito de alto risco, 31-2
crise financeira global, 28-34, 163-4
crise financeira, 28-34, 163-4
crise
  capitalismo e, 33-5, 188
  crise financeira global, 28-32, 164
  custo de capital em todos os quadrantes, 41-2, 56
custos ambientais, 62-3
custos escondidos, 32-3, 63
custos
  escondidos, 32-5, 62
  propagação de, 62
  redução, através de ciclos, 75-6
decisões de compra, 55

DeGennaro, Ramon, 131
deliberação, 88-100
democracia de accionistas, 86-7
democracia
  accionista, 86-7
  autêntica, 87
  capacitação e, 177-8
  deliberativa, 91-2, 99-100
  espaços públicos e, 93-6
  impacto, 176
  na tomada de decisões, 86-99
  na Web, 116-7
  protesto e, 96-8
design ponderado, 70-1, 78
desigualdades económicas, 131-2
desigualdades, 129-32
desperdícios, recolha de, 73-5
destruição criativa, 35, 196
diferença, 53, 143-62
diferenciação, 53, 55, 144-54, 161
dilema capitalista, 37-43, 188
dissimuladores, 182-3

dívida profunda, 33-4, 36, 41, 44, 56, 58, 174, 185, 187, 193
divisão, 113
divisibilidade, 134-6
Dixie, 45, 158
domínio, de mercado, 53
Dougherty, Mike, 89

Easterlin, Richard, 22, 145
economia experiente, 146
economia global, 26
  desequilíbrio na, 31-5
  dívida profunda na, 33-6
economias de ciclo, 67
economias de ciclo, 72-5
editoras discográficas, 111
eficácia operacional, 147-8
eficiência operacional, 62-4
emaranhados, 112-4
emissão de gases com efeito estufa, 64
emissões de carbono, 74-5
empresas em que melhor é melhor, 188--97
empresas farmacêuticas, 111
empresas. *Ver também* empresas específicas
  com filosofias, 108-21
  minimização da dívida profunda por, 56
emprestar benefícios, 31-6, 43-4
empréstimos tóxicos, 31-4
energia ecológica, 74-5
Enron, 111
epidemia de obesidade, 39
epifania, 182-3
espaços públicos, 93-100
Espanha, 164
estações de rádio, 88-90, 111
Estados Unidos, 144-5, 169
estaganação, 106

estratégia competitiva, 108
estratégia construtiva, 163-85
estratégias, 30, 47, 53, 101, 108
evolução, 102-8, 119
experimentação, 104, 107
externalidades negativas, 62, 65 *Ver também* custos escondidos
extracção de valor, 105-6

Fábrica da Lego, 77-8
falsificação, 181
falta de capacitação, 177
fast food, 32, 39, 41
felicidade, 144-50
Ferguson, Niall, 28
filosofia, 47, 53, 101, 108-21
findthefarmer.com, 95-6
Fitzpatrick, Brian W., 102-3, 107
fixação de preços, 110, 116-7
Fraser Consultancy, 55
Frente de Libertação de Dados, 102-3, 107, 119
Friedman, Milton, 28
fronteira da eficiência, 67
fundamentalismo de mercado, 29
fundamentos, 24-5
  do capitalismo construtivo, 42-56
  do capitalismo da era industrial, 30--8, 47, 163-4
  instituições como, 29
Fundo Monetário Internacional (FMI), 32

Gap, 42, 45, 51, 54, 82-5, 166, 176, 191, 194
Geithner, Tim, 29
General Motors, 14, 45
generosidade, 178-9
gerações futuras, 62-3
Goodman, Sidney, 135

Google, 24-5, 45
  ascensão da, 51-2
  comércio justo e a, 178, 191
  criação de valor pela, 53-4
  filosofia da, 101-8
  princípios empresariais da, 114-21
  rentabilidade da, 194-5
  Twitter e a, 136
Grameen, 45-6, 134, 137, 189
Grameenphone, 126, 137
Greenspan, Alan, 28-9
Gross, Bill, 165

Hagel, John, III, 21, 48
Hamel, Gary, 14, 21, 49
Hammer, Michael, 147
Hasbro, 77
Hawken, Paul, 62
Held, David, 35
Hindustan Unilever, 137, 160
Hirshleifer, Jack, 42
HSBC, 45
Hummers, 38-9, 126

Iluminismo económico, 24-6
iluminismo, 25
imitadores, 128
independência, 180-1
Índia, 55, 169-70, 181
índice de reputação ética, 54
índice ponderado, 70-1, 80
indústria alimentar, 32, 35, 94-6, 105--6, 116-8, 155-7, 181-2
indústria da moda, 75-6, 112
indústria de soalhos, 73
indústria petrolífera, 33, 66-7, 109--10
infelicidade, 145-6
informação
  custos da, 133-4, 141
  escassez de, 131-2
iniciativa Shakti, 160, 169, 181
inovação de gestão, 49
inovação
  capacidade de resposta e, 85-6
  falta de, 49, 179
  fechado num sistema através da, 102--3
  gestão, 49
  institucional, 48-9
inovadores institucionais, 48-9
instituições
  definições de, 29-30
  no século XX, 36
  insustentabilidade, 38-9
Interface, Inc., 72
intervenientes, 62-3
investimento, 169-70
iPhone, 125-31, 135, 139
  loja de aplicações para, 135-9
iPod, 128, 139
iTunes, 139, 177

Japão, 144
Jelli, 88-90, 177
Jobs, Steve, 128, 139
jogo de tabuleiro do capitalismo construtivo, 167-85
jogos mentais, 160-1

Kaldor, Mary, 35
Kraft, 45
Krugman, Paul, 29
Kuhn, Thomas, 24
Kuznets, Simon, 26

laddering, 111
Layard, Richard, 22, 145
Le Labo, 167, 176
Lego, 45, 50-1, 77-8, 167, 179

Lei Americana de Segurança e Energia Limpa, 64
LG, 110
ligação, 157
logística inversa, 68, 76
loja de aplicações, *ver* Apple
Lovins, Amory, 62
Lovins, Hunter, 62
lucros, 52-3, 150
   dos capitalistas construtivos, 51
   qualidade dos, 54
   de baixa qualidade, 192-4
   de alta qualidade, 192-5
   malefícios económicos dos, 56-7

Mackey, John, 156
macro, 136-7
macroeconomia, 29
Madoff, Bernie, 164
Malásia, 55
malefício económico, 43-4
   dívida e, 42-3
   internalização de, 55
   lucrar com, 52-3, 56-7, 187-8
marcas, 53, 55
Markowitz, Harry, 67
materiais reciclados, 70
Mattel, 45, 51, 77
McDonald's, 45
McDougall, Christopher, 152
McMansions, 38, 126
McWilliams, James E., 32
média corporativa de economia de combustível, 182-3
mercado
   concretização, 48, 53, 123, 129-40, 179-81
   domínio, 53
   protecção, 30, 48, 53, 123, 129, 133, 140

mercados impossíveis, 125-6, 132-3, 140-2, 193-4
meta, 133-4
micro, 134-6, 141
microfinanças, 134
Microsoft, 42, 102, 104, 106-7, 113, 127-8, 158, 161, 191
Minsky, Hyman, 30
Mohawk, 45
movimentação de capital, 170-1
mudança de paradigma, 23-4

Nano (carro), 125-30, 140, 169, 194
necessidades insatisfeitas, 126-7
negociação exclusiva, 112-6
NetJets, 134
Netscape, 113
Nickell, Jake, 82, 85, 88
Nigéria, 28
Nike Plus, 153-5, 172
Nike, 24-5, 45, 184
   aumentar os lucros da, 172
   ciclo de valor na, 68-72, 76-7
   criação de valor pela, 53-4
   design ponderado, 70-2
   fazer a diferença através, 144, 152-4
   índice ponderado, 68-71
   redireccionar /reciclar na, 71-2, 175
   rentabilidade da, 194-5
   socioeficácia da, 51-2
   socioprodutividade da, 52-1
   vantagem da, 191
Nintendo, 45, 50-1, 125, 127, 158, 160--1, 184
Nokia, 127-8, 131-2, 194
North, Douglass, 30

objectivo, 176-7
obrigações com garantia real, 32
Olander, Stefan, 154

OPEP, 110
optimização, 44
organizações não-governamentais (ONG), 66, 98, 138
orquestração da marca, 112
orto, 139-40
Ostrom, Elinor, 30, 87
outputs, 147-8, 152-4, 162

padrões de eficiência combustível, 182--3
pagamentos colaterais, 111
Page, Larry, 101
países desenvolvidos
  credores de, 28
  crescimento em, 25-6
  fluxo de capital para, 169-70
países em vias de desenvolvimento, crescimento em, 26, 169-71
paradigma económico, axiomas do novo, 43-4
Paradoxo de Easterlin, 145
Parekh, Jateen, 89
participação, 88-91, 99-100
participações dos capitalistas construtivos, 49-50
patentes, 112-4
pensamento de grupo, 93
perfeição, 132-3
persistência,
perturbação, 173-84, 193, 195
pessoas, 63
Pestridge, Simon, 153
Pigou, Arthur Cecil, 62
Playstation 3, 127-8, 158, 161
poder de veto, 96-100
Pollan, Michael, 95
portabilidade de dados, 102
potencial humano, 57-8
poupança de custos, 64-5

preços das acções, dos capitalistas construtivos, 49-50
primeiros princípios, 109-21
princípios empresariais, 108-21
produção circular, 67, 71, 74-5
produção linear, 67
produção, 175-6
  circular, 67, 71, 74-5
  linear, 66-7
produtividade, 51, 123-8
  socioprodutividade, 124-8
produto interno bruto (PIB), 26, 145
propagação de custos, 61-2
propostas de valor, 30, 47, 53, 81, 86-7
propriedade fraccionada, 134-5
prosperidade
  capitalismo e, 25-8, 35-6, 57-8
  redefinição de, 165, 184-5
  redução de, 35, 164
protecção, 48, 53
proteccionismo, 103-4, 106, 129
protesto, 87-8, 96-100
Puma, 51, 154-5, 191

Quah, Danny, 35
quociente de governação empresarial, 54
quota de mercado, 55
Radiohead, 177
receitas decrescentes, 25, 28, 144-5, 172--3, 194
reciclagem, de produtos, 70-5
recursos naturais. *Ver* recursos
recursos renováveis, 66-7
recursos
  açambarcamento, 179-80
  exaustão de, 62-3, 70
  renováveis, 66-7
  utilização de, 67-8
ReEntry, 68, 73, 76, 175

regulações, 54, 64
regulamentações ambientais, 64
Reich, Robert, 28
remarketing,
rendimento, felicidade e, 144-5
reprodução, 68, 71-5
resistência, 175
resistência, 53, 101-21, 178-9
responsabilidade social, 54
resultados positivos, 148-9, 183-4
resultados, 148-54, 162, 181-4
Rogoff, Kenneth, 28
rotação, 68, 76-8
Rothschild, Emma, 130
Roubini, Nouriel, 32

Sachs, Jeffrey, 35-6
Safeway, 45
salas de administração empresariais, 87
Samuelson, Paul, 28-9
Schumpeter, Joseph, 30, 57
sector automóvel, 124-5, 130, 139-40, 182-3
sector da biotecnologia, 112
sector da música, 116-8, 177-8
sector do vestuário, 83-4
sector dos jogos de vídeo, 157-8, 160-1, 184
sector financeiro, 194
Sega, 45, 51
selecção competitiva, 105-6
Sen, Amartya, 22, 62
Senado americano, 98-9
Senge, Peter, 34, 49, 62
sentimento de unidade, 175-6
Sharp, 110
simplificação, 139-42
Smith, Yves, 15-7, 32, 43, 57
sociedade, 62-3
socioeficácia, 51, 147-9, 161, 192

socioeficiência, 51, 63, 192
socioprodutividade, 125-9
Sony, 42, 45, 51, 54, 127-8, 131-2, 158, 161, 166
Standard Oil, 67
Starbucks, 45, 92-3, 97-8, 171, 180
StarKist, 65-6
start-ups, 88
Stiglitz, Joseph, 22, 29, 62
Stone-Buhr, 95-6
Summers, Larry, 29
Sun Apparel, 112
Sunrise Senior Living (lar), 157-8
suposto valor, 150
sustentabilidade, 62-5, 98

Tagliabue, Roberto, 153
Taleb, Nassim Nicholas, 42
Target, 45, 51, 54, 166
Tata, 45, 51, 125, 127-8, 130-2, 140
taxa bancária internacional, 32
telemóveis, 130-1, 137
tentativa de contrabalançar, 74-5
Tesco, 156
Threadless, 45, 51, 81-6, 88, 90-7, 167, 176-7
tomada de decisões
  agilidade de gestão e, 81-6
  deliberação e, 91-2, 99-100
  democrática, 86-98
  participação em, 88-91, 99-100
  poder de veto e, 96-8
Tommy Hilfiger, 82, 85, 112
Topshop, 75
transferência de custos, 31-6, 43-4, 62-6
transparência, 94
trocas justas, 104-6, 109-10, 114, 119-20, 178, 191
Twitter, 136, 188

Unilever, 24, 45, 137-8, 160, 181

valor artificial, 38
valor autêntico, 191
valor consistente
  crescimento inteligente e, 165-6
  criação de, 66, 72, 76-8, 96, 104-9, 114, 120, 125, 189-93
  definição de, 51-2, 87
  felicidade e, 146
  na Google, 119
  na Tata, 129-30
  na Threadless, 85
  nos países desenvolvidos, 55
  produtores de, 170-1
  resultados e, 151
valor dos accionistas, 50-1, 149-50
valor económico, 37-42, 149, 151
valor reduzido, 37-43, 146, 149-51, 164-5, 189-90
valor significativo, 190-1
valor sustentável, 190
vantagem competitiva, 52-6, 191
vantagem construtiva, 52-6, 191-2
vantagem de custo, 53-5, 62-4
vantagem de prejuízo, 53, 61-80
verdade, 181-2
Village Phone, 137-8
Vodafone, 45
votação, 91

Walkers, 90-1
Walmart, 24-5, 45, 51, 53-4
  aumento de receitas na, 172-3
  capital social e, 78
  ciclos de valor da, 98
  eficácia operacional da, 62-3
  iniciativa de sustentabilidade, 63-5, 98
  objectivos do, 62
  protestos e, 98-9
  redes de fornecimento, 66
  rentabilidade da, 194-5
  vantagem competitiva da, 55-6
  vantagem construtiva da, 55-6
  vantagem de custo da, 62
  vantagem de prejuízo na, 61-6
Werbach, Adam, 63
Whole Foods, 45, 155-7, 167, 182
Wii, 125-8, 157-8, 160-1, 184
Wikimedia, 45-6
Wikipedia, 94-5
Williams, Evan, 136, 188
Williamson, Oliver E., 30

Xbox, 127, 158, 161

Yahoo!, 45, 51, 54, 118, 166, 195
Yunus, Muhammad, 133

Zipcar, 135

Índice

NOTA PRÉVIA	9
PREFÁCIO	15
AGRADECIMENTOS	21

PRIMEIRO CAPÍTULO
Plano para um Negócio Melhor 23

SEGUNDO CAPÍTULO
Primeiro Passo: A Vantagem do Prejuízo
DE CADEIAS DE VALOR A CICLOS DE VALOR 61

TERCEIRO CAPÍTULO
Segundo Passo: Capacidade de Resposta
DE PROPOSIÇÕES DE VALOR A CONVERSAÇÕES DE VALOR 81

QUARTO CAPÍTULO
Terceiro Passo: Resistência
DA ESTRATÉGIA À FILOSOFIA 101

QUINTO CAPÍTULO
Quarto Passo: Criatividade
DE PROTEGER UM MERCADO A CONCRETIZAR UM MERCADO 123

SEXTO CAPÍTULO
Quinto Passo: Diferença
DE BENS A BENS MELHORES 143

SÉTIMO CAPÍTULO
Sexto Passo: Estratégia Construtiva
DE CRESCIMENTO ESTÚPIDO A CRESCIMENTO INTELIGENTE 163

OITAVO CAPÍTULO
Capitalismo Construtivo 187

NOTAS 199

ÍNDICE REMISSIVO 205